Inhaltsverzeichnis

Bildungsbereiche:

Vorwort

Liebe Kolleg*innen,

viele Kinder interessieren sich sehr für Märchen, doch oftmals sind die Geschichten angsteinflößend und verursachen Albträume. Obwohl sich einige Kinder fürchten, ziehen Märchen sie trotzdem immer wieder in ihren Bann. Eltern und Erzieher*innen geraten so schon einmal in den Gewissenskonflikt, ob sie Märchen vorlesen sollen oder nicht. Ich selbst habe lange überlegt. Doch da ich das hohe Interesse der Kinder an den Texten sehe, habe ich mich dafür entschieden, die Texte etwas zu verändern. So können die Märchen vorgelesen werden, ohne irgendwelche Ängste zu erzeugen.
Das Thema „Märchen“ eignet sich hervorragend für eine Projektarbeit. Kinder können mit allen Sinnen in verschiedenen Förderbereichen mit den Märchen vertraut gemacht werden. Da die Märchen sehr alt sind, kann man auf viele Themen zurückgreifen, die den Kindern heutzutage nicht mehr geläufig sind, so zum Beispiel das Spinnen von Wolle. Außerdem lernen sie, sich mit dem Wald auseinanderzusetzen, was in einigen Familien leider oft durch den heutigen Medienkonsum verlorengeht. Sie erfahren den Wald als Lebensraum, als Schauplatz von Geschehnissen in Märchen und als Ort der Ruhe und Stille.

Ziele dieser Projektmappe:

- Die Kinder agieren im Team, sie unterstützen sich und arbeiten Hand in Hand miteinander. Das fördert das Verantwortungsbewusstsein für und die Rücksichtnahme aufeinander.
- Sachwissen über Pflanzen, Gegebenheiten und Abläufe werden vermittelt
- Durch den Austausch untereinander, neues Sachwissen und den Umgang mit Märchen-Bilderbüchern kommt es zum Ausbau des Wortschatzes und des Sprachgebrauchs.
- Ausflüge und Bewegungsangebote fördern die Körperwahrnehmung, die Motorik und die fließende Ausführung der eigenen Bewegung.
- In den einzelnen Angeboten werden Ausdauer, Konzentration, Feinmotorik, Wahrnehmung und Handlungsplanung gefördert.

Lassen Sie sich mit den Kindern auf die Märchenwelt ein. Schaffen Sie gemeinsam ein literarisches Projekt und erfreuen Sie sich an den facettenreichen Angeboten. Es gibt Angebote, die sich allgemein auf das Thema „Märchen“ beziehen, und Angebote, die spezifisch auf bestimmte Märchen ausgerichtet sind. Letztere regen die intensive Auseinandersetzung mit dem entsprechenden Märchen an.

Die Projektmappe ist für Kinder im Alter von 2 bis 6 Jahren ausgerichtet, siehe hierzu auch die Symbole und Erläuterungen auf der Seite 3.

Ich wünsche Ihnen und Ihren Kindern ebenso viel Spaß mit dieser Projektmappe, wie wir ihn hatten!

Cornelia Emde

Hinweis:
Aus Gründen der besseren Lesbarkeit wird im Folgenden auf eine sprachliche Differenzierung der Geschlechterbezeichnungen verzichtet. Da die Erzieher*innen in Kindertagesstätten zumeist weiblich sind, haben wir uns hier für die weibliche Form entschieden. Selbstverständlich sind stets alle Geschlechter angesprochen.

Vorbemerkungen und Arbeitshinweise

Zu den verwendeten Symbolen

Bildungsbereiche (jeweils das äußerste Symbol oben rechts auf den Arbeitsblättern):

 Sprachliche Bildung

 Musikalische Bildung

 Ästhetische Erziehung

 Umwelt-, Sach- und Naturbegegnung

 Gesundheit und Ernährung

 Mathematische Bildung

 Feste und Feiern

 Wahrnehmung und Entspannung

 Körpererfahrung und Bewegung

 Sozialerfahrungen

Sonstige Symbole:

 geeignet für die Begabtenförderung

 für unter 3-Jährige geeignet

Layout:

- Die Seiten mit dem **Zwerg unter dem Pilz** im Layout unten rechts sind für die Erzieherin gedacht.

- Die Seiten mit dem **Märchenbuch** unten rechts sind Arbeitsblätter, die direkt mit den Kindern bearbeitet werden können.

Allgemeine Hinweise zur Organisation und Durchführung

Erstellen einer Themenwand oder Themenecke

Wählen Sie mit den Kindern eine Ecke oder einen Spielbereich für die Themengestaltung aus. Der Bereich sollte Platz zum Spielen bieten und nach Möglichkeit an eine Wand grenzen. Sämtliche Basteleien oder Fotos können dort aufgehängt werden. Sie können das Märchenreich auch mit einer selbstgebauten Themenwand abgrenzen. Haben Sie einen großen, bequemen Stuhl oder sogar einen Sessel zur Verfügung, können Sie diesen mit dazustellen und schöne Tücher darüberlegen. Dort können Sie die Märchen vorlesen. Zudem wäre es schön, eine Kiste oder eine Schatztruhe zu haben und Materialien wie Bücher, die selbst hergestellten Spiele, Kostüme usw. hineinzulegen. Dadurch sind die Gegenstände für die Kinder immer zugänglich und sie können die Dinge in ihr Spiel miteinbeziehen. Wenn Sie die Möglichkeit haben, über Großeltern an alte Gegenstände wie ein echtes Spinnrad zu kommen, ist das sehr anschaulich für die Kinder und Sie können ihnen die alten Herstellungstechniken näherbringen. Die Themenecke wird im Laufe des Projektes immer mehr vervollständigt, sodass sie am Ende gut bestückt ist. Es wäre schön, wenn die Eltern ebenfalls Zugang haben, denn dann können sie die Themen mitverfolgen und diese auch zu Hause aufgreifen. Je intensiver das Projekt gestaltet wird, desto höher werden der Lerneffekt und die Bildung bei den Kindern sein.

Erstellen eines Portfolios

Stellen Sie mit den Kindern Portfolios her. Darin können sämtliche Mandalas, Bastelarbeiten, Fotos, Malbilder usw. eingeklebt und eingeheftet werden. Nehmen Sie einen Schnellhefter für jedes Kind und gestalten Sie ein Deckblatt. Am Ende des Projektes kann jedes Kind seinen Hefter mit nach Hause nehmen.

Vorbemerkungen und Arbeitshinweise

Wissenswertes zum Thema „Märchen“

- Der Begriff „Märchen“ stammt von dem Wort *Maere* ab und bedeutet „Kunde, Bericht, Nachricht“. Märchen sind kurze Geschichten, die von fabelhaften, fantastischen und sonderbaren Geschehnissen erzählen. Sie sind zum Teil frei erfunden und zum Teil beruhen sie auf wahren Begebenheiten. Die Märchen wurden im Laufe der Jahrhunderte mit viel Fantasie weiter ausgeschmückt. Man findet viele verschiedene Märchen in allen Ländern und bei allen Völkern dieser Welt. Es gibt zum Beispiel die einem ursprünglichen Märchentypus angehörenden Zaubermärchen, französische Märchen, Volksmärchen, Kunstmärchen und auch deutsche Märchen. In Deutschland haben insbesondere die Brüder Grimm die Märchen berühmt gemacht. Jacob (1785–1863) und Wilhelm Grimm (1786–1859), beide geboren in Hanau und gestorben in Berlin, sammelten in und um Kassel mündlich überlieferte Märchen und schrieben sie auf. Außerdem gelten die Brüder Grimm als Mitbegründer der deutschen Philologie.
  Am 20. Dezember 1812 wurde der erste Band ihrer bis dahin gesammelten Märchen in dem Buch „Kinder- und Hausmärchen“ veröffentlicht. Im Jahre 1815 erschien der zweite Band. Im Laufe der Jahre wurden die Texte immer wieder neu überarbeitet, geändert und in die heute bekannte Märchenstruktur gebracht.
- Kinder kommen im Kindergarten mit Märchen in Berührung und sind immer wieder aufs Neue fasziniert. Der Grund dafür ist, dass Kinder im Alter von etwa drei Jahren die magische Phase durchleben. Viele technische, physikalische oder natürliche Abläufe werden von Kindern dann magisch erklärt. In Märchen stecken viele Elemente, die in der magischen Phase von Bedeutung sind. So können Tiere und leblose Dinge mit Menschen sprechen oder Tote werden wieder lebendig.
- Außerdem können sich die Kinder mit den Helden der Geschichten identifizieren. Viele Charaktere sind Kinder, die aus reiner Neugier oder Unwissen vor dem Bösen in die Falle tappen. Wie auch in der Realität erfahren die Märchenfiguren etwas Schlimmes, woraus sie etwas für ihr Leben lernen können. Jedes Kind sammelt im Laufe seiner Kindergartenzeit Erfahrungen, aus denen es etwas für sein Leben lernt. Außerdem zeigen sich die Märchenfiguren neugierig, liebenswürdig und freundlich, alles Charaktereigenschaften, die ein Kind anziehen.
- Märchen zeigen auch Lösungswege in Konfliktsituationen auf. Jede Geschichte endet mit einem Happy End, bei dem der Bösewicht und somit das Problem des Helden verschwindet. Kinder können sich unbewusst mit eigenen Problemen oder Konflikten auseinandersetzen und wie ihre Helden auch Lösungsstrategien entwickeln.
- Des Weiteren bieten Märchen den Kindern viel Spielraum für Fantasie. Gerade in der heutigen schnelllebigen Zeit, in der der Medienkonsum die Aufmerksamkeit der Kinder beherrscht, führen Märchen Kinder an Dinge heran, die für sie fremd geworden sind. Zum Beispiel fehlt vielen Kindern mittlerweile die Fantasie, sich mit Blättern, Stöcken und Moos zu beschäftigen. Da sich die Märchen aber häufig in der Natur abspielen, kann man die Kinder damit kreativ in die Thematik der Natur einführen.

Tipps und Anregungen zu den einzelnen Angeboten

Zum Umgang mit den Arbeitsblättern:

Diese Projektmappe enthält auch einige Arbeitsblätter, deren Aufgabenstellung Sie mit den Kindern in Kleingruppen besprechen (vorlesen) müssen.

Für die Aufbewahrung der Arbeitsblätter empfehle ich, je nach Gruppensituation und organisatorischen Bedingungen, verschiedene Möglichkeiten:

- Ablagefächer (alternativ unifarben gestaltete Deckel von Kopierpapierkartons). Die Kinder haben so freien Zugriff auf die darin sortierten Arbeitsblätter und können ihre Aufgaben selbst auswählen.
- Jedes Kind verfügt über einen Schnellhefter, in den die Erzieherin regelmäßig nach Alter und Entwicklungsstand ausgewählte Arbeitsblätter (z. B. zwei Arbeitsblätter pro Woche) einheftet oder gemeinsam mit dem Kind aussucht. Die Kinder wählen die Zeit der Bearbeitung entweder frei oder es gibt festgelegte Zeiten, innerhalb derer das Kind seine Arbeitsblätter bearbeiten kann.

Vorbemerkungen und Arbeitshinweise

- Die fertiggestellten Arbeitsblätter werden im Schnellhefter oder in einer Sammelmappe / einem Sammelordner abgeheftet bzw. gehören als Anlage zur Bildungsdokumentation oder zum Portfolio.
- Die Märchen eignen sich hervorragend für eine Einleitung. Hinter fast jedem Angebot finden Sie einen Verweis auf das dazugehörige Märchen. So können die Angebote gezielt für bestimmte Märchen genutzt werden.

Zu den Märchen, S. 7 – 15:

- Es ist sinnvoll, den Raum, in dem die Märchen vorgelesen werden, in einer entspannten Atmosphäre zu gestalten. Räumen Sie dafür alle störenden oder aufmerksamkeitserregenden Bilder und Gegenstände weg, dann lassen sich die Kinder nicht ablenken. Mit ein paar Gegenständen aus dem Märchen, wie zum Beispiel einem Korb oder einer Flasche (Rotkäppchen), ziehen Sie das Interesse der Kinder schnell auf das Angebot. Auf den Seiten 7 – 9 finden Sie sechs Märchen in einer Version für 2 – 4-Jährige erzählt. Auf den Seiten 10 – 15 finden Sie die gleichen Märchen für 4 – 6-Jährige. So können Sie die Märchenversion entsprechend dem Alter ihrer Kinder auswählen.

Zum Angebot „Im Freispiel":

- Da jedes Kind im Freispiel die Möglichkeit hat, Themen so auszuspielen, wie es ihm beliebt, kann man das Thema „Märchen" schön mit einbauen. Dafür stellt man den Kindern Material, beispielsweise Stühle und Tische, zur Verfügung, das sie zum Beispiel im Rollenspiel einbauen können. Daraus können sie ein Schloss bauen und ihr eigenes Spiel erfinden. Vielen Kindern kommen schon beim Bauen neue Ideen, die sie mit einfügen möchten. Haben die Kinder keine Ideen, sind aber an einem solchen Rollenspiel interessiert, kann man ihnen helfen, die Möbel richtig anzuordnen. Bitte versuchen Sie, die Ideen der Kinder in den Vordergrund zu stellen und alles zu ermöglichen, was im Rahmen des Freispiels möglich ist. Bedenken Sie, dass das Freispiel die Zeit der Kinder ist, in welcher sie spielen dürfen, was sie wollen. Man kann Kindern Spielvorschläge unterbreiten, aber auf keinen Fall aufzwingen oder versuchen, das Spiel zu lenken. In dieser Zeit stelle ich lediglich Spielvorschläge vor, die die Kinder aufgreifen und daraus ihr eigenes Spiel produzieren können. Umbaumaßnahmen oder Veränderungen durch die Kinder sind erwünscht. Es ist sinnvoll, von diesen Spielen Fotos zu schießen und sie auszudrucken. Auf eine Themenwand geklebt, können sich die Kinder ihr Spiel wieder ins Gedächtnis rufen und auch die Eltern sehen, wie produktiv das Freispiel eigentlich ist.
- Sie können zum Vorlesen auch auf ein Märchenbuch zurückgreifen und die Bilder herumzeigen.

Allgemeine Informationen zu den Bastelarbeiten im Bereich „Ästhetische Erziehung", ab S. 22:

Fotografieren Sie die Materialzusammenstellung und jeden einzelnen Arbeitsschritt. Kleben Sie die ausgedruckten Fotos mit der Auflistung der Materialien bzw. mit der dazugehörigen schriftlichen Arbeitsanweisung auf DIN-A5-Karten, nummerieren Sie die Karten in der richtigen Reihenfolge und laminieren Sie diese. So erhalten Sie bebilderte Karten, die Ihre Kinder zum selbstständigen Arbeiten motivieren.

Zu „Bauen einer Themenwand", S. 22, und „Korb basteln", S. 29:

Bei den Angeboten „Bauen einer Themenwand" und „Korb basteln" (für Jüngere) sollten Sie die Arbeitsfläche gut mit Folie, Zeitungspapier o. Ä. abdecken, denn Kleister kann schnell zu Verschmutzungen führen, die eine längere Reinigungszeit benötigen.

Zu „Hexenhaus bauen", S. 23:

Lassen Sie Kinder niemals mit dem Cuttermesser allein arbeiten. Nach Möglichkeit sollten diese Schneidearbeiten die Erwachsenen erledigen.

Zu „Das ist mein liebstes Märchen", S. 24:

Im Malangebot „Das ist mein liebstes Märchen" können Sie altersentsprechend auf die Gestaltung der Körper achten, falls die Kinder Charaktere des Märchens malen wollen. Oftmals haben sie keine genaue Körperwahrnehmung von sich selbst. Tauchen Schwierigkeiten auf, wenn ein Kind zum Beispiel nicht weiß, dass der Arm an der Schulter ansetzt, dann gehen Sie mit ihm vor einen Ganzkörperspiegel und lassen Sie das

Vorbemerkungen und Arbeitshinweise

Kind feststellen, dass der Arm an die Schulter gehört und nicht in die Höhe des Bauchnabels. Diese Übung dient der Förderung der eigenen Körperwahrnehmung.

Zu „Zwergenmützen nähen", S. 24, „Spule bauen" und „Haspel bauen", S. 27, und „Von der Schlafwolle zum Nähgarn", S. 33:
Die Angebote „Spule bauen", „Haspel bauen", „Von der Schafwolle zum Nähgarn" und „Zwergenmützen nähen" können zusammenhängend durchgeführt werden, um den Kindern den gesamten Erzeugungsweg des Nähgarns zu erklären. Dafür bitte die angeführte Reihenfolge der Angebote einhalten, damit sie alles richtig einsetzen können.

Zu den Rezepten im Bereich „Gesundheit und Ernährung", ab S. 35:
Zu einigen Rezepten finden Sie auf der S. 37 Bilder mit allen bei diesen Rezepten verwendeten Zutaten und Haushaltsgeräten sowie Pfeilen, mit deren Hilfe Sie die Rezepte bei Bedarf als großes Plakat gestalten können. Vergrößern Sie dazu die benötigten Zeichnungen auf dem Kopierer. Mit den vorhandenen Bildern können Sie auch Bildrezepte auf einem DIN-A4-Blatt erstellen, für jedes Kind kopieren und in einem Schnellhefter sammeln. So erhalten die Kinder eine eigene Bild-Rezepte-Mappe.
Achtung: Bitte achten Sie bei allen Rezepten auf eventuelle Lebensmittelunverträglichkeiten der Kinder.

Zu „Zählend durch das Märchenland", S. 41:
In Angeboten wie zum Beispiel „Zählend durch das Märchenland" ist es ratsam, von allen Aktivitäten mehrere gleichzeitig durchzuführen, damit zwei oder drei Kinder parallel arbeiten können. Zu lange Wartezeiten führen oftmals zu einer Demotivation, sodass die Kinder schnell die Lust an solchen Angeboten verlieren.

Zu „Rumpelstilzchen-Mitmach-Geschichte", S. 58:
In der Bewegungsgeschichte „Rumpelstilzchen-Mitmach-Geschichte" kennzeichnet das Fettgedruckte die Bewegungen und Tätigkeiten der Kinder.

Zu „Vertrau mir", S. 60:
Bitte berücksichtigen Sie auch hierbei Ängste der Kinder und nehmen Sie diese ernst. Bei manchen Kindern kann das Vertrauensverhältnis gestört sein.

Kopiervorlage „Krone" (zu „Ein Märchenfest veranstalten", s. S. 44)

Bitte messen Sie die Kinderköpfe aus und kleben Sie zwei oder mehr Kronenteile aneinander.
Die Krone kann zuvor hochkopiert werden.

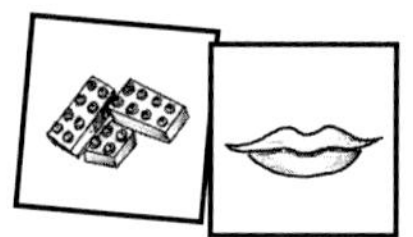

Hänsel und Gretel **(für 2 – 4-Jährige)**

Es war einmal ein Vater, der hatte einen Sohn und eine Tochter. Der Sohn hieß Hänsel und die Tochter Gretel. Sie lebten in einem kleinen Häuschen am Waldrand und waren sehr, sehr arm.

Der Vater machte sich große Sorgen um Hänsel und Gretel, denn sie hatten nichts mehr zu essen. So schickte der Vater die Kinder eines Tages weg, damit sie woanders leben konnten.

Nach langem Umherwandern kamen Hänsel und Gretel an einem Häuschen vorbei. Das Häuschen bestand aus Keksen und Lebkuchen. Die Kinder liefen sofort zu dem Häuschen und begannen, davon zu essen. Da ging plötzlich die Tür auf und eine alte Frau kam heraus. Sie war sehr nett und ließ die Kinder zu sich ins Haus.

Kaum waren die Kinder im Haus, da steckte die alte Frau Hänsel in einen großen Käfig. Gretel dagegen musste für die Frau kochen, waschen und saubermachen. Gretel bekam sehr wenig zu essen, doch Hänsel bekam sehr, sehr viel zu essen, damit er groß und dick werden konnte.

Nach ein paar Tagen fand Gretel den Schlüssel für den Käfig. So konnte sie ihren Bruder befreien und gemeinsam sperrten sie die böse, alte Frau ein. Dann nahmen sich Hänsel und Gretel so viel zu essen mit, wie sie nur tragen konnten, und liefen zu ihrem Vater zurück. Da war die Freude groß und sie brauchten nicht mehr zu hungern.

Schneewittchen und die sieben Zwerge **(für 2 – 4-Jährige)**

Es war einmal ein Mädchen. Es hatte Haare so schwarz wie Ebenholz, Haut so weiß wie Schnee und Wangen so rot wie Blut. Es lebte mit seinem Vater und seiner Stiefmutter, einem Königspaar, in einem Schloss.

Die Stiefmutter trat jeden Morgen vor den Spiegel und fragte: „Spieglein, Spieglein an der Wand, wer ist die Schönste im ganzen Land?“ Da antwortete der Spiegel jedes Mal: „Frau Königin, ihr seid die Schönste im ganzen Land.“

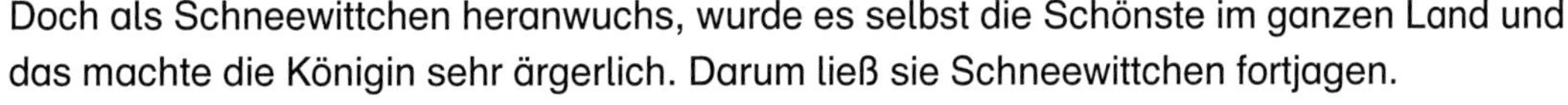

Doch als Schneewittchen heranwuchs, wurde es selbst die Schönste im ganzen Land und das machte die Königin sehr ärgerlich. Darum ließ sie Schneewittchen fortjagen.

So kam Schneewittchen zum Haus der sieben Zwerge hinter den sieben Bergen. Die sieben Zwerge nahmen Schneewittchen freundlich auf und es durfte bei ihnen leben.

Doch die Königin hatte nicht genug. Sie wollte Schneewittchen ganz fort haben. Deshalb verkleidete sie sich als Verkäuferin. Sie besuchte Schneewittchen im Zwergenhaus und bot dem Mädchen einen Apfel an. Doch als Schneewittchen in den Apfel biss, verschluckte es sich daran und fiel hin. Die Zwerge dachten, Schneewittchen würde nicht mehr leben. Deshalb legten sie es in einen Sarg und waren sehr traurig.
Eines Tages kam ein Prinz vorbei. Er fand Schneewittchen sehr schön. Als er Schneewittchen küsste, flog das Apfelstück aus Schneewittchens Mund. Da freuten sich alle sehr und feierten ein großes Fest.

Rotkäppchen (für 2 – 4-Jährige)

Es war einmal ein Mädchen namens Rotkäppchen. Das Mädchen hieß so, weil es immer eine rote Kappe trug. Es hatte eine Mutter und eine Großmutter. Die Großmutter lebte allein in einem Haus im tiefen Wald.

Eines Tages, als die Großmutter krank war, wollte Rotkäppchen ihr Kuchen und Wein bringen. Auf dem Weg dorthin traf das Mädchen den Wolf. Weil der Wolf so freundlich tat, erzählte Rotkäppchen ihm von der Großmutter.

Während Rotkäppchen ein paar Blumen pflückte, schlich der Wolf zum Haus der Großmutter und verschlang sie mit einem Male.

Als Rotkäppchen dort ankam, hatte sich der Wolf ins Bett gelegt. Rotkäppchen erkannte den Wolf nicht. Es dachte, er wäre die Großmutter. Rotkäppchen fragte deshalb, warum die Großmutter so große Ohren habe. Der Wolf antwortete: „Damit ich dich besser hören kann." Rotkäppchen fragte, warum die Großmutter so große Hände habe. Da antwortete der Wolf: „Damit ich dich besser packen kann." Und als Rotkäppchen fragte, warum die Großmutter so einen großen Mund habe, sprang der Wolf aus dem Bett und verschlang das Rotkäppchen auch noch.

Ein wenig später kam der Jäger vorbei und sah den Wolf, der tief schlief. Weil er sah, dass sich der Bauch des Wolfes bewegte, öffnete er den Bauch. So konnte er Rotkäppchen und die Großmutter befreien. Den Wolf aber jagten sie weit, weit fort.

Dornröschen (für 2 – 4-Jährige)

Es wurde einmal ein kleines Mädchen geboren. Sein Vater, der König, freute sie so sehr über sein Baby, dass er ein großes Fest feiern wollte. Dazu lud er viele Menschen ein, darunter auch die Feen des Landes. Aber weil ihm ein Teller fehlte, lud er nur zwölf Feen ein, die dreizehnte Fee aber nicht.

Aus Wut darüber erschien die dreizehnte Fee bei dem Fest und wünschte dem Mädchen, dass es sich an seinem fünfzehnten Geburtstag an einer Spindel piksen und umfallen sollte. Eine der guten Feen wünschte, dass das Mädchen nicht umfallen, sondern lange schlafen sollte. Daraufhin wurden alle Spindeln im Land verbrannt.

An ihrem fünfzehnten Geburtstag fand das Mädchen in einem alten Turm eine Frau an einem Spinnrad. Die Frau wollte dem Mädchen das Spinnen beibringen. Als das Mädchen anfing, stach es sich in den Finger. Es fiel auf das Bett und schlief ein. Und mit ihm schliefen alle Menschen in dem Schloss ein.

Nach hundert Jahren war eine große Dornenhecke um das Schloss gewachsen und das Mädchen wurde Dornröschen genannt. Eines Tages kam ein junger Königssohn zum Schloss und schlug sich den Weg durch die Dornen frei. Er fand Dornröschen und küsste es wach. Mit dem Mädchen erwachten auch alle anderen Menschen. Kurz darauf feierten der Königssohn und Dornröschen ihre Hochzeit.

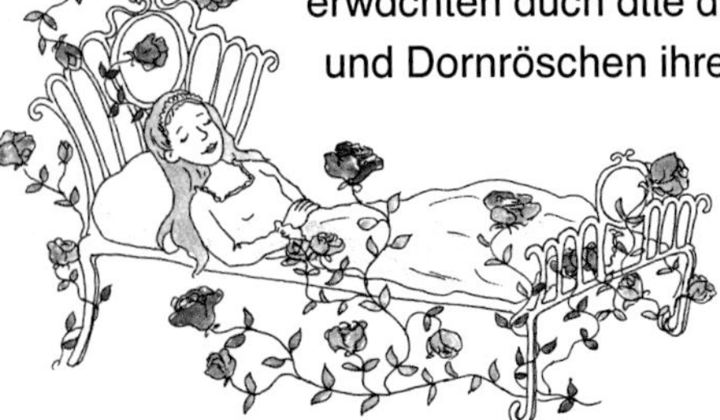

Aschenputtel (für 2 – 4-Jährige)

Es war einmal ein Mädchen, das hieß Aschenputtel. Es hatte zwei Stiefschwestern, eine Stiefmutter und einen Vater. Die Stiefschwestern und die Stiefmutter waren nicht nett zu Aschenputtel, denn sie ließen es die ganze Arbeit im Haus allein machen. Einmal brachte der Vater den Stiefschwestern von einer Reise Schmuck und seinem Aschenputtel einen Zweig von einem Haselnussstrauch mit. Diesen pflanzte Aschenputtel ein und es wuchs ein kleiner Strauch daraus. Jeden Tag ging Aschenputtel zu ihm und ein weißer Vogel saß dort im Strauch, der dem Mädchen Wünsche erfüllte.

Eines Tages gab der König für seinen Sohn ein Fest. Die Stiefschwestern und die Stiefmutter machten sich schön und gingen zum Fest. Aschenputtel musste zu Hause bleiben und die Linsen aus der Asche sortieren, die die Stiefmutter dort hineingeschüttet hatte. Aschenputtel rief die Tauben zur Hilfe. „Die guten ins Töpfchen, die schlechten ins Kröpfchen“, rief es und die Tauben pikten die Linsen heraus. Aschenputtel ging zu ihrem Haselnussstrauch, wünschte sich von dem weißen Vogel ein Kleid für das Fest und bekam ein Kleid, Schuhe und eine schöne Kette. Aschenputtel zog sich um und ging ebenfalls zum Fest.
Als es so schön gekleidet dorthin kam, bat der Prinz es sofort zum Tanz. Er mochte Aschenputtel sehr gern.
Als Aschenputtel nach Hause wollte, lief es davon. Der Prinz lief dem Mädchen nach und Aschenputtel verlor einen Schuh. Der Prinz fand ihn und begann am nächsten Tag, nach Aschenputtel zu suchen.
Er kam zu ihrem Haus, doch die Stiefmutter zeigte ihm nur Aschenputtels Stiefschwestern.
Beiden passte der Schuh nicht. Plötzlich entdeckte der Prinz Aschenputtel und als es den Schuh anzog, passte er.

Der Königssohn freute sich sehr, dass er Aschenputtel wiedergefunden hatte.
Daraufhin feierten sie ihre Hochzeit.

Rumpelstilzchen (für 2 – 4-Jährige)

Es war einmal ein Müller. Er erzählte dem König, dass seine Tochter Gold aus Stroh spinnen könnte. Der König holte die Müllerstochter in sein Schloss und brachte sie in eine Kammer mit Stroh. Sie sollte das ganze Stroh zu Gold spinnen, doch sie konnte es nicht. Da trat ein Männlein herein und versprach ihr, alles Stroh zu Gold zu spinnen, wenn es ihre Kette bekäme. Die Müllerstochter gab ihm ihre Kette und das Männlein verspann alles Stroh zu Gold. Als der König dies am nächsten Tag sah, brachte er die Müllerstochter in eine neue Kammer voll Stroh. Wieder kam das Männlein, als die Müllerstochter allein war. Sie gab ihm ihren Ring und das Männlein verspann das ganze Stroh zu Gold.
Als der König dies sah, brachte er die Müllerstochter in eine noch größere Kammer. Kaum war sie allein, erschien erneut das Männlein. Diesmal hatte die Müllerstochter nichts mehr, was sie ihm geben konnte und so versprach sie ihm ihr erstes Kind. Das Männlein spann zum dritten Mal das Stroh zu Gold.
Bald darauf feierten der König und die Müllerstochter ihre Hochzeit. Ein Jahr später kam ihr erstes Kind zur Welt und damit kam auch das Männlein wieder. Doch die Königin wollte ihr geliebtes Kind nicht hergeben und so ließ ihr das Männlein drei Tage Zeit, seinen Namen herauszufinden.
Sofort schickte die Königin ihre Boten aus. Als das Männlein am nächsten Tag wiederkam, nannte die Königin ihm ein paar Namen, doch die waren alle nicht richtig. Am zweiten Tag nannte die Königin ihm weitere Namen, aber auch die waren nicht richtig. Am Abend trat ein Bote zu ihr. Er hatte ein Feuer entdeckt, um das ein Männlein tanzte und ein Lied sang: „Heute back ich, morgen brau ich, übermorgen hole ich der Königin ihr Kind. Ach wie gut, dass niemand weiß, dass ich Rumpelstilzchen heiß.“
Da war die Königin froh. Als das Männlein wiederkam, nannte sie ihm den Namen „Rumpelstilzchen“. Und weil es der richtige Name war, ließ das Männlein der Königin ihr Kind und verschwand.

Hänsel und Gretel für (4–6-Jährige)

Es waren einmal ein Junge und ein Mädchen. Sie hießen Hänsel und Gretel. Hänsel und Gretel hatten einen lieben Vater und eine Stiefmutter. Sie lebten zusammen in einem kleinen Häuschen am Waldrand und waren sehr, sehr arm. Sie hatten nicht einmal mehr etwas zu essen.

Eines Tages überlegten der Vater und die Stiefmutter, wie sie aus ihrer Not herauskommen sollten. Da schlug die Stiefmutter vor, Hänsel und Gretel in den Wald zu führen und sie dort mit einem Stück Brot allein zu lassen. Der Vater wollte das jedoch nicht. Er wollte seine Kinder nicht aus dem Haus jagen, denn er hatte sie sehr lieb. Aber die Stiefmutter überredete den Vater doch dazu. Hänsel hörte all dies und erschrak. Gretel fing an zu weinen, als Hänsel ihr alles erzählte.
Hänsel sagte: „Ach Gretel, nun wein doch nicht, ich weiß schon, wie wir das machen. Ich habe eine Idee."

Am nächsten Morgen brachen die vier auf in den Wald. Hänsel nahm sich ein Stück Brot und ließ immer mal ein paar Krümel fallen, sodass sie hinterher den Weg wieder zurückfinden konnten. Im Wald machte der Vater ein Feuer und setzte die Kinder zum Wärmen daran.
Dann liefen er und die Stiefmutter zurück zum Haus. Hänsel nahm Gretel an die Hand und wollte sie wieder nach Hause führen. Doch da sah er, dass die Vögel alle Brotkrümel aufgegessen hatten.

So kam es, dass die beiden Kinder sich im Wald verirrten. Irgendwann kamen sie an ein schönes Haus. Es hatte Wände, Fenster und Türen aus Keksen und Lebkuchen. Sofort begannen Hänsel und Gretel, davon zu essen, weil sie so großen Hunger hatten. Da wurde ein Fenster geöffnet und eine alte Hexe schaute heraus. Ganz freundlich lud sie die Kinder in ihr Häuschen ein.

Doch dann steckte sie Hänsel in einen großen Käfig und Gretel sollte nun kochen, waschen und das Haus sauberhalten. Die böse Hexe gab Hänsel sehr viel zu essen, damit er sehr dick würde. Sie wollte ihn nämlich verspeisen. Jeden Tag musste Hänsel ihr einen Finger herausstrecken, damit sie fühlen konnte, wie dick er schon war. Aber Hänsel wusste, dass die Hexe schon fast blind war, deswegen streckte er jeden Tag nur ein Knochen heraus, den die Hexe befühlen konnte. Die Hexe wunderte sich, dass Hänsel nicht dicker wurde. Trotzdem sollte Gretel eines Tages den großen Ofen vorbereiten, in dem die Hexe Hänsel braten wollte. Doch einmal passte die Hexe nicht auf und schon sperrte Gretel sie ein. Schnell holte Gretel Hänsel aus dem Käfig. Die beiden nahmen so viel zu essen mit, wie sie nur konnten. Außerdem fanden sie eine Kiste voll mit funkelnden Diamanten und Edelsteinen. Beladen zogen die beiden los und wanderten durch den Wald, bis sie wieder zu ihrem Haus zurückfanden. Da freute sich der Vater, denn er hatte seine Kinder schon sehr vermisst. Die Stiefmutter hatte er aus dem Haus gejagt, als ihm klar geworden war, zu was sie ihn überredet hatte. Durch die Diamanten und Edelsteine von der bösen Hexe wurde die Familie sehr reich und hatte von nun an ein schönes Leben.

Schneewittchen und die sieben Zwerge (für 4 – 6-Jährige)

Es war einmal ein Mädchen, das hieß Schneewittchen. Es hatte Haar so schwarz wie Ebenholz, Haut so weiß wie Schnee und Wangen so rot wie Blut. Schneewittchens Vater war der König und die Stiefmutter war eine sehr schöne Frau. Jeden Morgen trat die Königin vor ihren Spiegel und fragte: „Spieglein, Spieglein an der Wand, wer ist die Schönste im ganzen Land?" Der Spiegel antwortete stets: „Frau Königin, ihr seid die Schönste im ganzen Land."

Als Schneewittchen älter wurde, war es noch schöner als die Königin. Eines Morgens, als die Stiefmutter wieder an den Spiegel trat und fragte: „Spieglein, Spieglein an der Wand, wer ist die Schönste im ganzen Land?", da antwortete der Spiegel: „Frau Königin, ihr seid die Schönste hier, aber Schneewittchen ist tausendmal schöner als ihr." Die Königin wurde sehr ärgerlich und ließ Schneewittchen fortjagen.

Nachdem Schneewittchen einige Zeit durch den Wald gelaufen war, kam es zu einem kleinen Häuschen. Es klopfte, aber niemand öffnete und so ging es einfach hinein. Schneewittchen sah ein gedecktes Tischchen mit sieben Tellern, sieben Messern und Gabeln und sieben kleinen Bechern. An der Wand standen auch sieben Bettchen und in eines davon legte es sich schlafen.

Abends kamen die sieben Zwerge nach Hause und fanden Schneewittchen in einem der Bettchen. Schneewittchen erzählte ihnen, wer es war und warum es bei ihnen war. Die Zwerge waren sehr freundlich zu dem Mädchen und boten ihm an, dass es bei ihnen bleiben könnte. So blieb Schneewittchen und hielt den Zwergen das Haus sauber.

Die Königin trat abends vor den Spiegel und fragte: „Spieglein, Spieglein an der Wand, wer ist die Schönste im ganzen Land?" Da antwortete der Spiegel: „Frau Königin, ihr seid die Schönste hier, aber Schneewittchen hinter den sieben Bergen bei den sieben Zwergen ist tausendmal schöner als ihr." Da wurde die Königin böse und überlegte sich, wie sie Schneewittchen loswerden könnte.

Eines Tages kam sie als alte Frau verkleidet zum Zwergenhaus. Sie wollte Schneewittchen einen Gürtel verkaufen. Nichtsahnend öffnete Schneewittchen die Tür und ließ sich den Gürtel umbinden. Doch die böse Königin band den Gürtel so fest, dass Schneewittchen keine Luft mehr bekam und umfiel. Abends fanden die Zwerge Schneewittchen und öffneten den Gürtel. Daraufhin erwachte Schneewittchen und musste den besorgten Zwergen versprechen, niemandem mehr die Tür zu öffnen.

Am nächsten Tag kam die Königin wieder, denn sie hatte von ihrem Spiegel erfahren, dass Schneewittchen noch lebte. Sie klopfte in einer anderen Verkleidung an die Tür und bot Schneewittchen einen vergifteten Kamm an. Schneewittchen ließ sich von der Frau kämmen. Die Frau kämmte so fest, dass Schneewittchen durch einen Kratzer des Kammes wieder umfiel. Die Zwerge retteten Schneewittchen ein zweites Mal und wieder gab es das Versprechen, die Tür nicht mehr zu öffnen.

Am dritten Tage aber kam die böse Königin als Verkäuferin verkleidet vorbei und bot Schneewittchen einen vergifteten Apfel an. Schneewittchen kam nur ans Fenster, nahm den Apfel und biss hinein. Plötzlich blieb dem Mädchen das Apfelstück im Hals stecken und Schneewittchen fiel um. Abends fanden die Zwerge Schneewittchen. Sie dachten, Schneewittchen sei tot, deshalb legten sie es im Wald in einen Glassarg. Dort lag es drei Tage lang, bis ein Prinz vorbeikam. Er fand Schneewittchen so schön, dass er es küsste. Dabei fiel das Apfelstück heraus. Schneewittchen erwachte und die Freude des Prinzen und der sieben Zwerge war groß. Ein paar Tage später heirateten der Prinz und Schneewittchen und das ganze Land feierte mit. Die böse Königin aber wurde aus dem Schloss gejagt.

Rotkäppchen (für 4 – 6-Jährige)

Es war einmal ein Mädchen, das mit seiner Mutter in einem Haus am Waldrand lebte. Es hatte auch eine Großmutter, die tief im Wald wohnte. Die Großmutter schenkte dem Mädchen eine Kappe aus rotem Samt und deshalb wurde es Rotkäppchen genannt.

Eines Tages wurde die Großmutter krank. Deshalb schickte die Mutter Rotkäppchen mit einem Korb gefüllt mit Wein und Kuchen zu ihr. Auf dem Weg traf Rotkäppchen den Wolf. Er fragte es: „Liebes Rotkäppchen, wohin gehst du?“ Da erzählte Rotkäppchen ihm von der kranken Großmutter, die tief im Wald lebte. Der Wolf schlug vor, dass Rotkäppchen doch ein paar Blümchen für die arme Großmutter pflücken könnte. Rotkäppchen gefiel die Idee und während es Blümchen pflückte, lief der Wolf davon und schlich zum Haus der Großmutter. Leider war der Wolf aber kein nettes Tier und so verschlang er die Großmutter mit einem Mal. Dann schlüpfte er in Großmutters Kleidung und legte sich in ihr Bett.

Rotkäppchen kam etwas später mit dem Korb und dem Strauß Blumen zum Haus der Großmutter. Es klopfte an die Tür und rief: „Großmutter, ich bin es, dein liebes Rotkäppchen.“ Rotkäppchen trat ein und ging zum Schlafzimmer der Großmutter. Es wunderte sich ein wenig, wie komisch Großmutter aussah. Rotkäppchen wusste ja nicht, dass der Wolf im Bett lag. Deshalb fragte es: „Oh, Großmutter, warum hast du denn so große Ohren?“ Der Wolf antwortete: „Damit ich dich besser hören kann.“ Rotkäppchen fragte weiter: „Großmutter, warum hast du denn so große Hände?“ Der Wolf antwortete: „Damit ich dich besser packen kann.“ Und warum hast du so ein großes Maul?“, fragte das Rotkäppchen. Da antwortete der Wolf: „Damit ich dich besser schlucken kann.“ Da sprang der Wolf aus dem Bett und verschlang das Mädchen mit einem Mal.

Dann schlief der Wolf ein. Kurz darauf kam der Jäger vorbei und trat in die Stube der Großmutter. Er wusste, dass sie krank war und deshalb wollte er nach ihr sehen. Da erblickte er den Wolf und er dachte sich nichts Gutes dabei. Plötzlich sah er, wie sich der Bauch des Wolfs bewegte. Da öffnete der Jäger den Bauch des Wolfs und heraus kletterten die Großmutter und das Rotkäppchen. Dann füllten sie dem Wolf Steine in den Bauch und nähten die Öffnung wieder zu. Anschließend jagten sie den Wolf aus dem Haus. Weil die Steine so schwer waren, fiel der Wolf hin und stand nicht mehr auf.

Die Großmutter und Rotkäppchen waren dem Jäger sehr dankbar und gemeinsam aßen sie den Kuchen und tranken den Wein.

Dornröschen (für 4 – 6-Jährige)

Es waren einmal ein König und eine Königin. Sie wünschten sich von Herzen ein Baby. Eines Tages bekam die Königin tatsächlich ein hübsches, kleines Mädchen. Der König freute sich so sehr darüber, dass er ein Fest feierte. Viele Leute aus dem Land wurden eingeladen, darunter auch die Feen des Landes. Leider hatte der König aber nur zwölf goldene Teller und darum lud er die dreizehnte Fee nicht ein.

Während des Festes schenkten die zwölf Feen dem Mädchen gute Gaben wie Schönheit, Reichtum und Klugheit. Als die elfte Fee ihren Wunsch aussprach, trat plötzlich die dreizehnte Fee in den Festsaal. Sie war natürlich sehr böse, weil sie nicht eingeladen worden war. Aus Wut darüber wünschte sie dem Kind, dass es sich an seinem fünfzehnten Geburtstag an einer Spindel stechen und umfallen sollte, und verschwand dann wieder. Die Eltern bekamen schreckliche Angst um ihr Kind. Aber die zwölfte Fee hatte ihren Wunsch noch nicht ausgesprochen. Sie konnte den Wunsch der dreizehnten Fee nicht rückgängig machen, milderte ihn aber ab, indem sie wünschte, dass das Mädchen in einen hundertjährigen Schlaf fiele.

Alle Menschen in dem Land verbrannten sämtliche Spindeln, damit das Unglück nicht geschehen konnte. Als das Mädchen fünfzehn Jahre alt wurde, traf es im Schlossturm eine ältere Frau. Diese Frau war die dreizehnte Fee, aber das wusste das Mädchen nicht. Sie spann Wolle auf einem Spinnrad. Kaum nahm das Mädchen die Spindel in die Hand, stach es sich mit der Spindelnadel in den Finger.

Das Mädchen schlief auf der Stelle ein und mit ihm alle Menschen und Tiere in dem Schloss.

Die Jahre vergingen, alle Lebewesen im Schloss schliefen tief und fest. Um das Schloss herum wuchs eine hohe Dornenhecke, deshalb wurde das Mädchen Dornröschen genannt. Die Dornenhecke verhinderte, dass fremde Menschen das Schloss betreten konnten. Viele Königssöhne versuchten, in das Schloss zu kommen, doch die Hecke ließ keinen hinein.

So vergingen hundert Jahre. Als die hundert Jahre vergangen waren, kam wieder ein Prinz vorbei. Er schlug mit seinem Schwert die Hecke entzwei und betrat das Schloss. Er fand Dornröschen schlafend vor. Er küsste es und davon erwachte es. Mit dem Mädchen erwachten alle anderen Menschen und Tiere im Schloss. Die Dornenhecke verschwand auch sofort. Da freute sich das ganze Land.

Der Prinz und Dornröschen feierten eine große Hochzeit, zu der alle Menschen eingeladen waren.

Aschenputtel (für 4 – 6-Jährige)

Es war einmal ein armes Mädchen. Es hatte einen Vater, der es sehr liebte, und eine Stiefmutter und zwei Stiefschwestern, die sehr gemein waren. Das arme Mädchen musste kochen, waschen und putzen, während die Stiefschwestern alles schmutzig machten. Außerdem musste es in der Asche vor dem Ofen schlafen, weshalb es von allen Aschenputtel genannt wurde.

Einmal brachte der Vater den Stiefschwestern Perlen und Schmuck und seinem Aschenputtel einen Zweig von einem Haselnussstrauch mit. Diesen pflanzte Aschenputtel ein. Mit der Zeit wuchs ein schöner Strauch daraus. Jeden Tag besuchte Aschenputtel ihren Strauch und jeden Tag kam ein weißer Vogel dazu, der ihm manchen Wunsch erfüllte.

Eines Tages lud der König alle jungen Frauen zu sich auf das Schloss ein, damit sein Sohn sich eine Frau aussuchen konnte. Die Stiefschwestern und die Stiefmutter machten sich sehr hübsch und gingen zu dem Fest. Aschenputtel wollte auch mit, aber es musste Linsen aus der Asche sortieren, die die Stiefmutter boshaft dort hineingeschüttet hatte. Aschenputtel rief die Vöglein zur Hilfe. Es rief ihnen zu: „Bitte, helft mir. Die guten ins Töpfchen, die schlechten ins Kröpfchen.“ Im Nu hatten die Tauben die Linsen aus der Asche gepickt.

Aschenputtel ging zu ihrem Haselnussstrauch und wünschte sich etwas. Der weiße Vogel schenkte ihm ein schönes glänzendes goldenes Kleid, goldene Schuhe und eine schöne goldene Perlenkette. Aschenputtel zog sich um und ging ebenfalls zum Fest.

Dort angekommen forderte es der Königssohn sofort zum Tanz auf. Er konnte seinen Blick kaum von dem Mädchen wenden, so gut gefiel ihm Aschenputtel. Als es spät wurde, verabschiedete Aschenputtel sich und rannte, so schnell es konnte, aus dem Schloss. Der Königssohn lief ihm nach. In der Eile verlor Aschenputtel einen goldenen Schuh. Es lief schnell nach Hause, zog sich um und legte sich in die Asche zum Schlafen.

Der Königssohn nahm den Schuh und weil er das Mädchen nicht vergessen konnte, begann er am nächsten Tag mit seiner Suche. Er kam auch zu Aschenputtels Haus. Die Stiefmutter schickte erst die ältere Stiefschwester zu ihm. Doch als sie den Schuh anprobierte, war er zu klein. Ihre Zehe begann zu bluten. Da riefen die Tauben: „Rucke di guh, rucke di guh, Blut ist im Schuh, der Schuh ist zu klein, die rechte Braut sitzt noch daheim.“

Da zog der Königssohn ihr den Schuh wieder aus und die zweite Stieftochter probierte ihn an. Doch auch ihr war der Schuh zu klein. Ihr blutete die Ferse. Da riefen die Tauben wieder: „Rucke di guh, rucke di guh, Blut ist im Schuh, der Schuh ist zu klein, die rechte Braut sitzt noch daheim.“ Da zog der Königssohn auch ihr den Schuh wieder aus.

Als er gehen wollte, entdeckte er Aschenputtel. Er bat es, in den Schuh zu schlüpfen, und er sah, dass der Schuh passte. Da erkannte er auch Aschenputtels Gesicht vom Tanzen wieder. Die Tauben riefen diesmal: „Rucke di guh, rucke di guh, kein Blut ist im Schuh, der Schuh ist nicht zu klein, die rechte Braut führt er jetzt heim.“
Daraufhin feierten der Königssohn und Aschenputtel eine große Hochzeit.

Rumpelstilzchen (für 4 – 6-Jährige)

Es war einmal ein armer Müller. Er erzählte dem König, dass seine Tochter Stroh zu Gold spinnen könnte. Da ließ der König das arme Mädchen zu sich holen und brachte sie in eine Kammer voll Stroh. Er befahl ihm, das ganze Stroh zu Gold zu spinnen, wie es der Vater versprochen hatte. Als der König gegangen war, fing das Mädchen an zu weinen, denn es konnte kein Stroh zu Gold spinnen. Und wie es da so weinte, öffnete ein kleines Männlein die Tür. Es fragte die Müllerstochter, warum sie denn so weine. Da erzählte ihm das Mädchen von seinem Leid. Das Männlein sprach: „Was gibst du mir, wenn ich dir das Gold spinne?“ Das Mädchen bot ihm ihr Halsband an. Das Männlein setzt sich an das Spinnrad und spann das ganze Stroh zu Gold.

Als der König das Gold am nächsten Tag sah, freute er sich sehr. Er brachte die Müllerstochter in eine neue Kammer voll Stroh und bat sie, auch dieses Stroh zu Gold zu spinnen. Und wie die Müllerstochter wieder weinte, kam das Männlein ein zweites Mal. Dieses Mal bot ihm die Müllerstochter ihren Ring an, wenn er das ganze Stroh verspinnen würde. Das Männlein setzte sich wieder an das Spinnrad und verspann auch diesmal das ganze Stroh zu Gold.

Als der König am nächsten Tag wieder die Kammer betrat, freute er sich. Er brachte die Müllerstochter in eine dritte Kammer voll Stroh. Wenn sie das ganze Stroh versponnen hätte, dann würde er sie heiraten, versprach er. Die Müllerstochter weinte wieder und das Männlein tauchte ein drittes Mal auf. Doch diesmal hatte die Müllerstochter nichts mehr, was sie dem Männlein hätte geben können. „Wenn ich dir noch einmal das ganze Stroh verspinne, so versprich mir dein erstes Kind.“, forderte das Männlein. In ihrer Not willigte die Müllerstochter ein. Das Männlein spann wieder das ganze Stroh zu Gold.

Als der König am nächsten Tag wiederkam, freute er sich ein drittes Mal. Kurz drauf feierten die Müllerstochter und der König ihre Hochzeit. Doch nach einem Jahr, als das erste Kind zur Welt kam, kam auch das Männlein wieder und sagte: „So, nun gib mir, was du versprochen hast.“ Die Königin erschrak und bot ihm alle Reichtümer an, die sie hatte. Nur ihr Kind wollte sie nicht hergeben. Als die Königin so weinte, hatte das Männlein Mitleid mit ihr und gab ihr drei Tage Zeit, seinen Namen herauszufinden. Sollte sie in drei Tagen nicht seinen Namen wissen, so nähme er das Kind mit.

Die Königin schickte sofort Boten aus, um alle Namen im Land aufzuschreiben. Als das Männlein am nächsten Tag wiederkam, nannte ihm die Königin ein paar Namen, aber keiner war richtig.

Am Tag darauf kam das Männlein wieder und die Königin nannte ihm diesmal ungewöhnliche Namen wie Hammelwade oder Rippenbiest. Aber auch diese Namen waren nicht richtig.

Am Abend kam einer der Boten zum Schloss zurück und erzählte der Königin, dass er ein Lagerfeuer gesehen habe, um das ein Männlein herumtanzte. Es sang: „Heute back, ich morgen brau ich, übermorgen hole ich der Königin ihr Kind. Ach wie gut, dass niemand weiß, dass ich Rumpelstilzchen heiß.“

Als das Männlein wiederkam, nannte die Königin ihm den Namen „Rumpelstilzchen“. Da ließ Rumpelstilzchen ihr das Kind und verschwand, denn sie hatte seinen Namen erraten.

Da war die Königin wieder froh und drückte ihr Kind an sich.

Märchen erraten (1) (ab 4 Jahren)

Material:
Bildkarten „Märchen“, (s. S. 16 – 17) Stifte, Laminierfolie, 1 Laminiergerät, 1 Schere

Vorbereitung:
Die Bildkarten werden kopiert, (von den Kindern) angemalt, ggf. laminiert und ausgeschnitten.

Spielregeln:
Die Bildkarten werden offen auf den Tisch gelegt. Der Spielleiter liest einen Spruch oder ein Lied vor und die Kinder erraten, um welches Märchen es sich dabei handelt. Dabei wählen sie die entsprechende Bildkarte und nehmen sie an sich. Gewonnen hat der Spieler, der am Ende die meisten Bildkarten besitzt.

Weitere Ideen:
Sie können weitere Sätze aus den Geschichten nehmen oder Fragen stellen. Hierfür können Sie die beiden Blankokarten (S. 17) verwenden. Beispiele für Fragen:

- Wer lebte bei den sieben Zwergen? (Schneewittchen)
- Wer hat dreimal für die Müllerstochter Stroh zu Gold gesponnen? (Rumpelstilzchen)

Alternativen:
Das Spiel kann auch ohne Bildkarten gespielt werden. Es können auch weitere Märchen einbezogen werden. Dafür rufen die Kinder die Antworten in den Raum.

Kopiervorlage Bildkarten „Märchen“

„Das Männlein setzte sich ans Spinnrad und spann das ganze Stroh zu Gold.“ (Rumpelstilzchen)

„Knusper, knusper, knäuschen, wer knuspert an meinem Häuschen?“ (Hänsel und Gretel)

„Spieglein, Spieglein an der Wand, wer ist die Schönste im ganzen Land?“ (Schneewittchen)

„Warum hast du denn so große Ohren?“ – „Damit ich dich besser hören kann.“ (Rotkäppchen)

Märchen erraten (2) (ab 5 Jahren)

„Die guten ins Töpfchen und die schlechten ins Kröpfchen." (Aschenputtel)

„Da wuchs die Hecke riesengroß, riesengroß, riesengroß." (Dornröschen)

„Es war so finster und auch so bitterkalt. Sie kamen an ein Häuschen von Pfefferkuchen fein." (Hänsel und Gretel)

„Heute back ich, morgen brau ich, übermorgen hole ich der Königin ihr Kind." (Rumpelstilzchen)

„Es war so schwarz wie Ebenholz, so weiß wie Schnee und so rot wie Blut." (Schneewittchen)

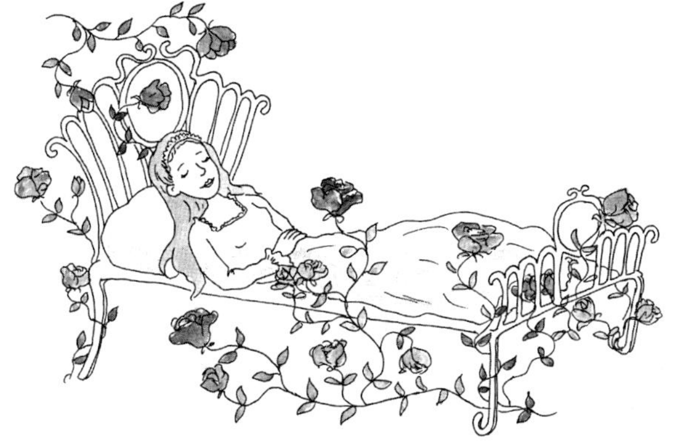

„Alle schliefen hundert Jahre." (Dornröschen)

Reimen (ab 5 Jahren)

Vorgehensweise:
Sagen Sie ein Wort. Die Kinder überlegen dann, welches Wort sich darauf reimt. Fällt den Kindern nichts ein, können Sie ein Beispiel vorlesen. Was reimt sich auf:

Rose – Hose	**Blatt – satt**	**Wald – kalt**
Spiegel – Riegel	**Kind – Wind**	**Spindel – Windel**
Krone – Bohne	**Pferd – Schwert**	**Kuchen – suchen**
Hecke – Decke	**Sohn – Lohn**	**Stroh – froh**

Übungen zur phonologischen Bewusstheit (ab 5 Jahren)

Laute heraushören:
Die Kinder sollen die Laute aus den Wörtern heraushören. Wo ist das „R“ in Rumpelstilzchen, am Anfang, in der Mitte oder am Ende? Weitere Beispielwörter: Aschenputtel, Dornröschen, Schneewittchen, Rotkäppchen, Wolf, Zwerg usw. Man kann beliebige Wörter aus dem Bereich Märchen verwenden.

Welches Wort habe ich buchstabiert?
Die Erzieherin buchstabiert ein Wort und die Kinder versuchen, die Buchstaben im Kopf aneinanderzusetzen, und sagen das Wort.
Achtung: Die Buchstaben müssen so ausgesprochen werden, wie sie im Wort genannt werden. Zum Beispiel bei dem Wort „Raum“: Normalerweise spricht man ein „R“ wie ein „ERR“ aus. Hierbei darf man aber das E nicht mitsprechen, es wird nur im Rachen gerollt und nur der Laut produziert (RRR). Sonst setzt das Kind die Buchstaben falsch zusammen und am Ende entsteht nicht das Wort „Raum“, sondern „Errauemm“.
Wörter zum Buchstabieren: Wald, Gretel, Wolf, Schloss, Zwerg, Gabel usw.
Nehmen Sie für diese Übungen zuerst einfache, später längere Wörter.

Silben klatschen:
Wörter werden im Kopf in Silben zerlegt und die Silben geklatscht. Dabei spricht man das Wort aus und klatscht gleichzeitig mit. Beispiel: Rotkäppchen wird zu Rot – käpp – chen, dabei klatscht man drei Mal mit. Das Kind findet heraus, dass das Wort „Rotkäppchen“ aus drei Silben besteht. Am besten fragt man zusätzlich, wie oft das Kind geklatscht hat.

BVK • Cornelia Emde: Kita aktiv „Projektmappe Märchen“

Aschenputtels Tanz (ab 3 Jahren)

Material:
CD-Player, CD mit Musik (evtl. langsame klassische Musik, zum Beispiel „Mondscheinsonate"/„Klaviersonate Nr. 4 op. 27 N.2 in cis-Moll" von Ludwig van Beethoven), Chiffontücher, evtl. Kleider und Röcke

Vorgehensweise:
Sprechen Sie mit den Kindern über das Märchen von Aschenputtel, zum Beispiel: „Was hat Aschenputtel gemacht, bevor sie ihren Schuh auf der Treppe verlor?" So können Sie auf die Tanzsequenz des Märchens eingehen.
Anschließend können sich die Kinder einmal wie Aschenputtel fühlen. Dazu können sie die Kleider oder Röcke anziehen und sich frei zur Musik bewegen. Erfahrungsgemäß zeigen sich einige Kinder schüchtern, wenn sie die Möglichkeit bekommen, sich eigeninitiativ und kreativ zu bewegen. Es hilft ihnen, wenn die Erzieherin sich mitbewegt und tanzt. Dadurch werden viele Kinder mutiger und beginnen, auch zu tanzen. Manchmal hilft auch schon die Verkleidung, um die vorhandene Scheu abzulegen.
Im nächsten Schritt werden die Chiffontücher eingesetzt. Sie können den Kindern die Tücher anbieten, damit sie mit diesen während des Tanzes wedeln, flattern oder die Tücher in der Luft schweben lassen können.
Anschließend können sich die Kinder selbst oder in einem Team Choreografien überlegen und vorführen oder aber Sie studieren gemeinsam einen Tanz ein, der zum Beispiel für die Eltern am Märchenfest aufgeführt wird.

Entscheidet man sich für eine gemeinsame Choreografie, die den Kindern vorgegeben wird, so sollte man sich für Übungen entscheiden, die den Kindern viel Spielraum zur Improvisation bieten.

Choreografie-Beispiel: synchroner Tanz

Schritt 1: Die Kinder stellen sich zunächst in einer Reihe auf. Am besten wechseln sie dabei immer ab: erst ein Vorschulkind, dann ein jüngeres Kind, dann wieder ein Vorschulkind. Möglich ist auch der Wechsel zwischen Junge und Mädchen. Die Kinder können in der ersten Tanzeinheit mit den Tüchern hin und her wedeln. Mit welcher Hand und in welchem Tempo sie wedeln, ist den Kindern überlassen. Auf ein Zeichen hin, das Sie mit den Kindern vereinbaren, treten zum Beispiel die Vorschulkinder nach hinten und machen erst einmal nichts, nur die jüngeren Kinder wedeln weiter mit den Tüchern. Zeigen Sie das verabredete Zeichen wieder, treten die Vorschulkinder nach vorn und die jüngeren Kinder nach hinten. Nun wedeln nur die Vorschulkinder mit den Tüchern.

Schritt 2: Nun nimmt jedes Vorschulkind ein jüngeres Kind an die Hand und gemeinsam wedeln sie mit der jeweils anderen freien Hand die Tücher durch die Luft.

Schritt 3: Anschließend können die Paare Hand in Hand zweimal im Kreis hintereinander hergehen.

Schritt 4: Nun stellen sich die Kinder wieder nebeneinander im vorher beschriebenen Wechsel auf und drehen sich nacheinander um die eigene Achse (etwa wie eine La-Ola-Welle).
Dann können die Schritte 1 – 4 wiederholt werden.

Hinweis:
Es ist ratsam, die Kinder in die Choreografiegestaltung miteinzubeziehen, da sie sich selbst erdachte Übungen wesentlich besser merken und diese besser umsetzen können. Die Kinder können auch eigene Tanzmuster entwickeln und sie sich untereinander beibringen.

10 kleine Zwergelein (ab 2 Jahren)

Nach: „Zehn kleine Zappelmänner" und „Meine Hände sind verschwunden"

Zehn kleine Zwergelein laufen hin und her, zehn kleinen Zwergelein fällt das gar nicht schwer.	*Mit den zehn Fingern wackeln und die Hände von links nach rechts und von rechts nach links hin und her bewegen.*
Zehn kleine Zwergelein hacken auf und nieder, zehn kleine Zwergelein tun das immer wieder.	*Mit den Händen eine imaginäre Axt halten und die Arme auf und ab bewegen.*
Zehn kleine Zwergelein graben rundherum, zehn kleine Zwergelein, die sind gar nicht dumm.	*Mit den Händen graben und dabei die Arme synchron kreisförmig bewegen.*
Zehn kleine Zwergelein wechseln jetzt den Ort, zehn kleine Zwergelein sind auf einmal fort.	*Mit den Fingern wieder wackeln und dann die Hände hinter dem Rücken verschwinden lassen.*
Meine Zwergelein sind verschwunden, ich habe keine Zwerg'lein mehr, ei, da sind die Zwerg'lein wieder, tralalalalalalala.	*Hände erst hinter dem Rücken verstecken, dann wieder vor den Oberkörper halten und mit den Fingern wackeln.*

Da oben auf dem Berge (ab 2 Jahren)

Das Fingerspiel ist dem Bewegungsspiel „Da oben auf dem Berge" nachempfunden.

Da oben auf dem Berge, 1, 2, 3.	*Mit dem linken Zeigefinger schräg nach oben zeigen, mit den Fingern der rechten Hand mitzählen.*
Da werkeln sieben Zwerge, 1, 2, 3.	*Mit den Händen eine Axt halten und hacken, mit den Fingern mitzählen.*
Da unten in der Wohnung, 1, 2, 3.	*Mit dem Zeigefinger schräg nach unten zeigen, mit den Fingern mitzählen.*
Hält Schneewittchen Ordnung, 1, 2, 3.	*Mit der Hand imaginär Staub wischen, mit den Fingern mitzählen.*

Hinweis:
Das Fingerspiel kann man wunderbar laut und leise spielen oder immer schneller werdend spielen und sprechen.

Klanggeschichte „Im Wald“ (ab 4 Jahren)

Vorbereitung:
Legen Sie viele verschiedene Klanginstrumente wie Triangel, Klangstäbe, Ratsche, Zimbel usw. bereit, ebenso die Geschichte.

Vorgehensweise:
Alle Kinder nehmen sich ein Instrument. Es werden ein Hänsel, eine Gretel und ein König ausgewählt. Die anderen Kinder spielen die Bäume. Lesen Sie die Geschichte zunächst einmal vor und sagen Sie den Kindern, wer wann spielen darf.

Spielregeln:
Betritt Hänsel den Wald, so darf er zwischen den Kindern umhergehen und sie einzeln mit seinem Instrument begrüßen. Dafür stellt er sich vor jedes Kind und spielt einmal kurz. Das Kind antwortet mit einem kurzen Spiel auf seinem Instrument. Die Kinder reden dabei nicht. Sie kommunizieren nur mit den Instrumenten.
Betritt Gretel den Wald, darf jedes Kind auf seinem Instrument spielen, wenn Gretel es berührt hat. Allerdings spielt das Kind immer weiter, bis Gretel es ein zweites Mal berührt hat. Gretel berührt erst alle Kinder einmal, sodass am Ende alle Kinder gleichzeitig spielen. Dann geht sie dieselbe Runde noch einmal und berührt jedes Kind ein zweites Mal.
Betritt der König den Wald, so hören alle auf sein Kommando. Spielt der König, so spielen alle leise mit. Dirigiert er die Bäume, so orientieren sich alle an seinen Armbewegungen. Die Lautstärke bestimmt der König, indem er die Arme hebt und senkt. Hebt er die Arme, so dürfen die Kinder immer lauter werden, senkt er die Arme, so werden sie wieder leiser.
Wenn der König einmal klatscht, dürfen die Bäume umherwandern, und jedes Kind darf kurz spielen, wenn es auf ein anderes Kind trifft.
Es ist sinnvoll, die Kinder zu bitten, der Geschichte zuzuhören und mit ihren Instrumenten entsprechend leise zu spielen.

Geschichte:
Ganz weit weg im Märchenland gibt es einen Wald mit vielen Instrumentenbäumen. Eines Tages geht Hänsel durch den Wald spazieren. Überall, wo er vorbeikommt, begrüßt er einen Baum in seiner Instrumentensprache. Der Baum antwortet ihm in der Instrumentensprache. Hänsel freut sich sehr darüber. Mal geht er schneller und mal geht er langsamer durch den Wald. Dann verlässt Hänsel den Wald.
An einem anderen Tag geht Gretel durch den Wald spazieren. Zufällig berührt sie einen der Bäume. Sofort beginnt dieser zu spielen. Er spielt fröhlich weiter. Nach und nach berührt Gretel jeden Baum im Wald. Bald musiziert der ganze Wald. Dann berührt Gretel jeden Baum ein zweites Mal. Nach und nach hören die Bäume auf zu spielen, und es wird wieder ganz still im Wald. Gretel verlässt den Wald wieder.
Der Wald gehört dem König des Landes und jeden Abend kommt der König in den Wald und macht mit seinen Instrumentenbäumen Musik. Immer wenn der König auf seinem Instrument spielt, spielen die Instrumentenbäume ganz leise mit, und wenn der König aufhört zu spielen, dann hören auch die Bäume auf. Manchmal lässt der König sogar die Instrumente für sich selbst spielen. Hebt der König seine Arme in die Höhe, so spielen die Instrumentenbäume lauter. Senkt der König seine Arme, so spielen die Instrumentenbäume leiser.
Um Mitternacht, wenn der König in die Hände klatscht, verlassen die Instrumentenbäume ihre Plätze. Sie wandern umher und wenn sie einem Freund begegnen, so unterhalten sie sich kurz in ihrer Instrumentensprache. Klatscht der König ein zweites Mal, so wandert jeder Instrumentenbaum zurück an seinen Platz und im Wald kehrt wieder Stille ein.

Bauen einer Themenwand (ab 2 Jahren)

Material:
viele Schuhkartons (die Menge hängt von der Größe der Wand ab), Zeitungspapier, Kleister, 1 Eimer und 1 Holzstab zum Anrühren des Kleisters, graue und schwarze Farbe, dicke und dünne Pinsel, Kreppklebeband, ggf. Abdeckfolie, Malkittel, alte Holzbausteine oder Steine

Vorbereitung:
In örtlichen Schuhgeschäften können Sie nach Schuhkartons fragen, möglichst jeweils in der gleichen Größe. Machen Sie einen Raum mit Heizung und Fenster frei, den man über einen längeren Zeitraum (etwa eine Woche) für diese Aktion nutzen kann. Wählen Sie nach Möglichkeit einen gefliesten Raum (z. B. ein Bad), es erleichtert die Reinigung hinterher. Je nach Raumauswahl müssen Wände, Teppiche usw. mit Abdeckfolie abgedeckt werden. Setzen Sie den Kleister vorher nach Packungsanweisung an.

Arbeitsanleitung:

1. Füllen Sie die Schuhkartons der ersten beiden Reihen am besten mit schwerem Material. So kippt die Wand nicht jedes Mal um, wenn jemand aus Versehen dagegenläuft. Hierfür eignen sich zum Beispiel Holzbausteine, die nicht mehr im Gebrauch sind. Kleben Sie dann die Deckel an die Schuhkartons. Stellen Sie so viele Kartons nebeneinander auf, wie die Wand lang sein soll. Kleben Sie die Kartons anschließend mit dem Kreppklebeband aneinander. Achten Sie bitte darauf, dass Sie Kreppklebeband benutzen, da der Kleister an anderen Klebebändern nicht haftet.
2. Danach wird die zweite Reihe Schuhkartons auf die erste Reihe gelegt. Die Schuhkartons werden wieder mit dem Klebeband aneinander befestigt. Zusätzlich werden die Kartons der zweiten Reihe mit einigen aus der ersten Reihe verbunden, damit die einzelnen Reihen später beim Kleistern nicht verrutschen. So wird fortgefahren, bis die Mauer die gewünschte Höhe erreicht hat. Empfehlenswert ist es, die Vorschulkinder die Arbeiten mit dem Klebeband machen zu lassen. Die Jüngeren können hinterher besser kleistern und malen.
3. Tragen Sie zunächst zwei Schichten Kleister und Zeitungspapier auf und lassen Sie die Wand dann mindestens vierundzwanzig Stunden trocknen. Trägt man alle Kleisterschichten auf einmal auf, kann es passieren, dass die ersten Schichten nicht gut durchtrocknen können und dann entstehen unangenehme Gerüche. Am schnellsten trocknet die Wand, wenn Sie die Heizung hochdrehen, aber das Fenster kippen. Müssen Sie das Fenster wieder schließen, dann am besten die Tür geöffnet halten. Am zweiten Tag können Sie die nächsten beiden Schichten auftragen. Insgesamt sollten mindestens fünf bis sechs Schichten Kleister und Zeitungspapier aufgetragen werden, damit die Wand hinterher stabiler ist.
4. Wenn die ganze Wand gut getrocknet ist, wird sie grau (oder nach Wunsch in einer anderen Farbe) angemalt. Zuletzt können mit schwarzer Farbe Linien aufgetragen werden, die die einzelnen „Mauersteine“ darstellen.
5. Nun kann die Wand als Themenwand genutzt werden und mit dem aktuellen Märchen geschmückt werden. Auch wenn die Arbeit etwas Zeit und Aufwand in Anspruch nimmt, so hat man hinterher sehr viel Freude damit.

Hinweise:
Natürlich können Sie auf dieselbe Art und Weise auch mehrere Wände oder sogar ein Haus bauen. Alternativ kann man die Schuhkartons alle einzeln mit Zeitungspapier und Kleister bekleben, dann können die Kinder mit den „Mauersteinen“ selbst etwas bauen.

Hexenhaus bauen (ab 3 Jahren, Hänsel und Gretel)

Material:
1 großen Karton von einem Kühlschrank o. Ä. (z. B. aus einem Elektrogeschäft), 1 Karton mit derselben Breite für das Dach, braune Farbe, Pinsel, Schälchen, hellbrauner Tonkarton, weißes und rosa Tonpapier, 1 roter Stift, 1 Cutter, Scheren, Prickelnadeln und Unterlagen, Klebstoff, Malkittel, Kopiervorlagen für das Hexenhaus (siehe unten), evtl. 1 Plusterstift

Vorbereitung:
Die Kopiervorlagen für die Schablonen werden hochkopiert, auf Tonkarton übertragen und ausgeschnitten.

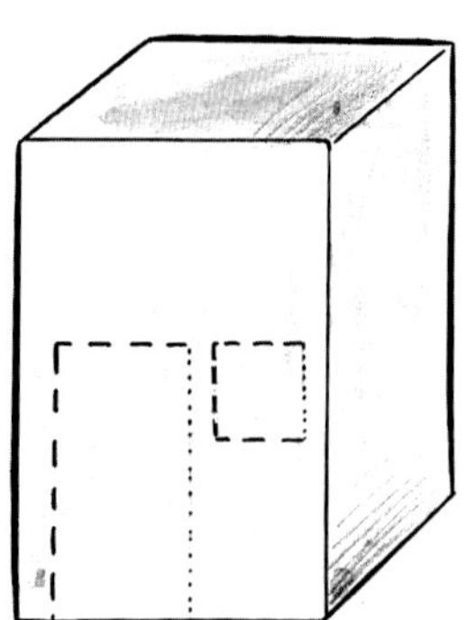

Arbeitsanleitung:
1. Mit dem Cutter werden Fenster und eine Tür in den großen Karton geschnitten. Am besten bleiben die ausgeschnittenen Fenster und die Tür an einer Seite mit dem Karton verbunden. So können die Kinder hinterher beim Spielen die Fenster und die Tür auf- und zuklappen.
2. Für das Dach wird zunächst der zweite Karton zerschnitten. Beide gegenüberliegenden Enden werden nun an den Kartondeckeln mit Klebstoff festgeklebt, sodass man ein Dach erhält.
3. Den gesamten Karton mit brauner Farbe bemalen. Während die Farbe trocknet, werden mit Hilfe der Schablonen Lebkuchen auf den hellbraunen Tonkarton aufgemalt und ausgeschnitten. Die jüngeren Kinder können die Teile auch ausprickeln. Anschließend werden die „Mandeln" und der „Zuckerguss" mit Hilfe der Schablonen auf das rosa und weiße Tonpapier übertragen und ebenfalls ausgeschnitten oder -geprickelt. Die „Zuckerstange" auf weißes Papier übertragen und rote Streifen daraufmalen.
4. Nun werden Mandeln und Zuckerguss auf die hellbraunen Tonkarton-Lebkuchen geklebt. Anschließend werden die Lebkuchen und die Zuckerstangen auf das Karton-Haus geklebt. Je mehr Lebkuchen auf dem Karton-Haus kleben, umso eindrucksvoller ist das Hexenhaus.

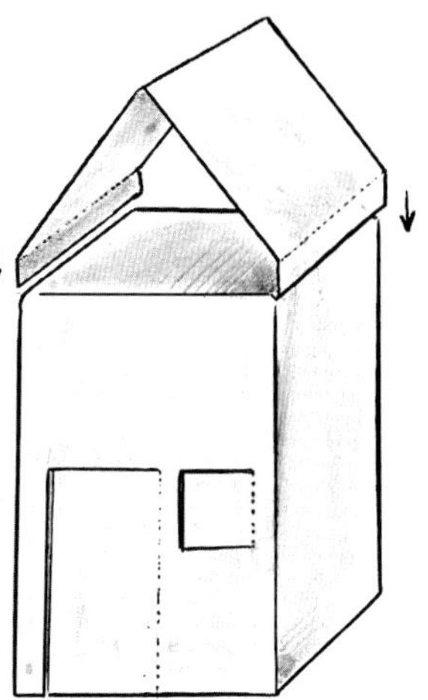

Hinweis:
Sie können die Mandeln und den Zuckerguss alternativ auch mit einem Plusterstift aufmalen. Dadurch wirkt der Lebkuchen plastischer.

Kopiervorlagen für das Hexenhaus:
(Bitte hochkopieren.)

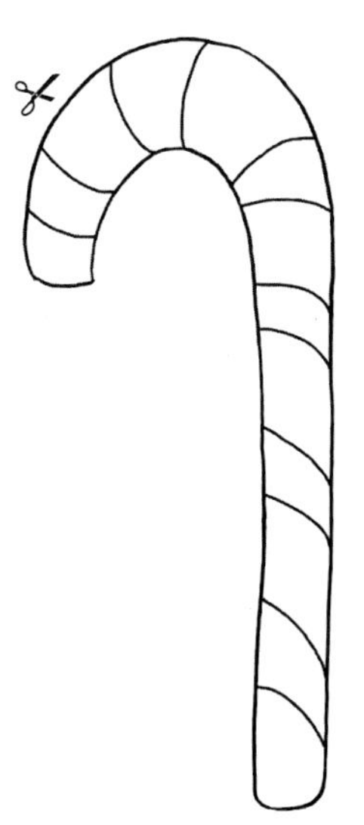

Zuckerstange

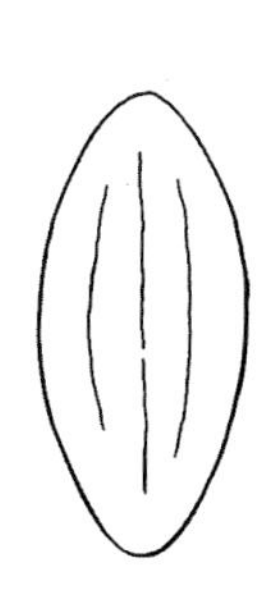

Mandel

Zuckerguss

Lebkuchen

Das ist mein liebstes Märchen (ab 4 Jahren)

Material:
weiße DIN-A4-Blätter, Buntstifte, 1 Märchenbuch, evtl. Ausmalbilder (s. S. 25)

Arbeitsanleitung:
1. Überlegen Sie mit den Kindern, welches ihr liebstes Märchen ist. Was gefällt ihnen darin am besten? Wenn möglich, kann jedes Kind das Märchen oder die schönste Stelle daraus nacherzählen.
2. Jedes Kind darf dann ein Bild zu seinem Lieblingsmärchen malen. Es ist hilfreich, wenn Sie kurz mit den Kindern besprechen, was auf das Bild gehört. Wenn sich ein Kind zum Beispiel Dornröschen aussucht, sollte man gemeinsam überlegen, wie ein Körper genau aussieht. So kann das Kind nach Möglichkeit realitätsgetreu malen. Außerdem kann man gemeinsam überlegen, woran zu erkennen ist, dass Dornröschen und nicht Schneewittchen dargestellt ist. Dann darf das Kind die Szene malen. Natürlich können auch Bilder zum Abmalen oder Anschauen benutzt werden.

Zwergenmützen nähen (ab 4 Jahren, Schneewittchen)

Material:
roter Stoff oder Filz, 1 Maßband, Nähgarn, Nähnadeln, 1 Schere, evtl. Reststoffe für Flicken

Vorbereitung:
Stoff / Filz besorgen, von jedem Kind Maß nehmen (Kopfumfang)

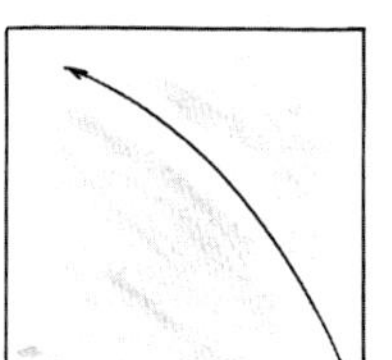

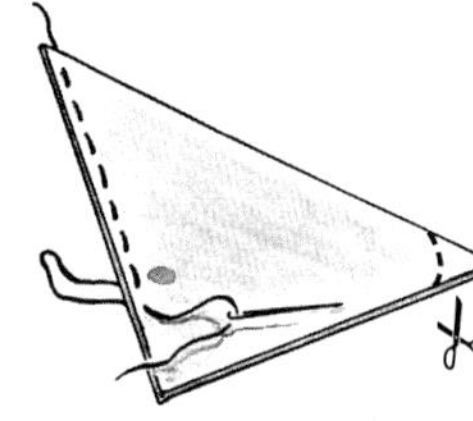

Arbeitsanleitung:
1. Für jedes Kind wird ein quadratisches Stück Stoff zugeschnitten. Eine Seite ist so lang wie der halbe Kopfumfang des Kindes.
2. Eine Ecke wird auf die gegenüberliegende Seite gelegt und von den Kindern an einer der beiden Seiten mit einem einfachen Steppstich zugenäht. Bitte lassen Sie die Kinder mit den Nähnadeln nicht unbeaufsichtigt. Am besten wird die eine Seite von einem Ende zum anderen und dann wieder zurück genäht. So hält die Mütze besser und die Fadenenden können zusammengeknotet werden. Runden Sie evtl. die Spitze ab, die in die Stirn oder den Nacken ragt, indem Sie sie abschneiden.
3. Je nach Wunsch und Können dürfen auch andersfarbige Flicken auf die Mütze genäht werden.

Hinweis:
Natürlich dürfen die Zwergenmützen auch andere Farben haben und von Erwachsenen professionell genäht werden, doch ist die beschriebene Weise für Kinder einfach zu handhaben. Außerdem trägt jedes Kind gerne seine eigene Mütze auf dem Kopf.

BVK • Cornelia Emde: Kita aktiv „Projektmappe Märchen“

Ausmalbilder (zum Hochkopieren)

Rosenranke (ab 3 Jahren, Dornröschen)

Material:
grüner Tonkarton, rote Servietten, grüne Wolle, Stifte, Scheren, Kopiervorlage „Rosenblatt“ (siehe unten)

Vorbereitung:
Die Kopiervorlage „Rosenblatt“ kopieren, auf Tonkarton übertragen und eine Schablone erstellen.

Arbeitsanleitung:
1. Mit Hilfe der Schablonen werden die Rosenblätter auf den grünen Tonkarton übertragen und ausgeschnitten.
2. Die Rosenköpfe werden aus den roten Servietten hergestellt. Dazu wird die Serviette auseinandergefaltet und in Streifen von etwa 5 cm Breite geschnitten. Die Streifen nun etwas schräg einrollen, sodass die Rose in der Mitte höher wird. Anschließend kann man sie noch voluminöser zupfen, indem man die Ränder nach außen knickt.
3. Das untere Ende wird mit einem Stück Wolle umwickelt und zusammengeknotet, damit die Rose nicht aufgeht.
4. Die Rosenköpfe und die Rosenblätter werden abwechselnd in einem Abstand von ca. 10 cm an einen Wollfaden geknotet. Die Länge der Rosenranke kann man individuell gestalten.

Hinweis:
Jedes Kind kann seine eigene Rosenranke basteln oder alle gestalten eine zusammen. Die Rosenranke kann über die gebaute Themenwand gehängt werden.

Kopiervorlage „Rosenblatt“

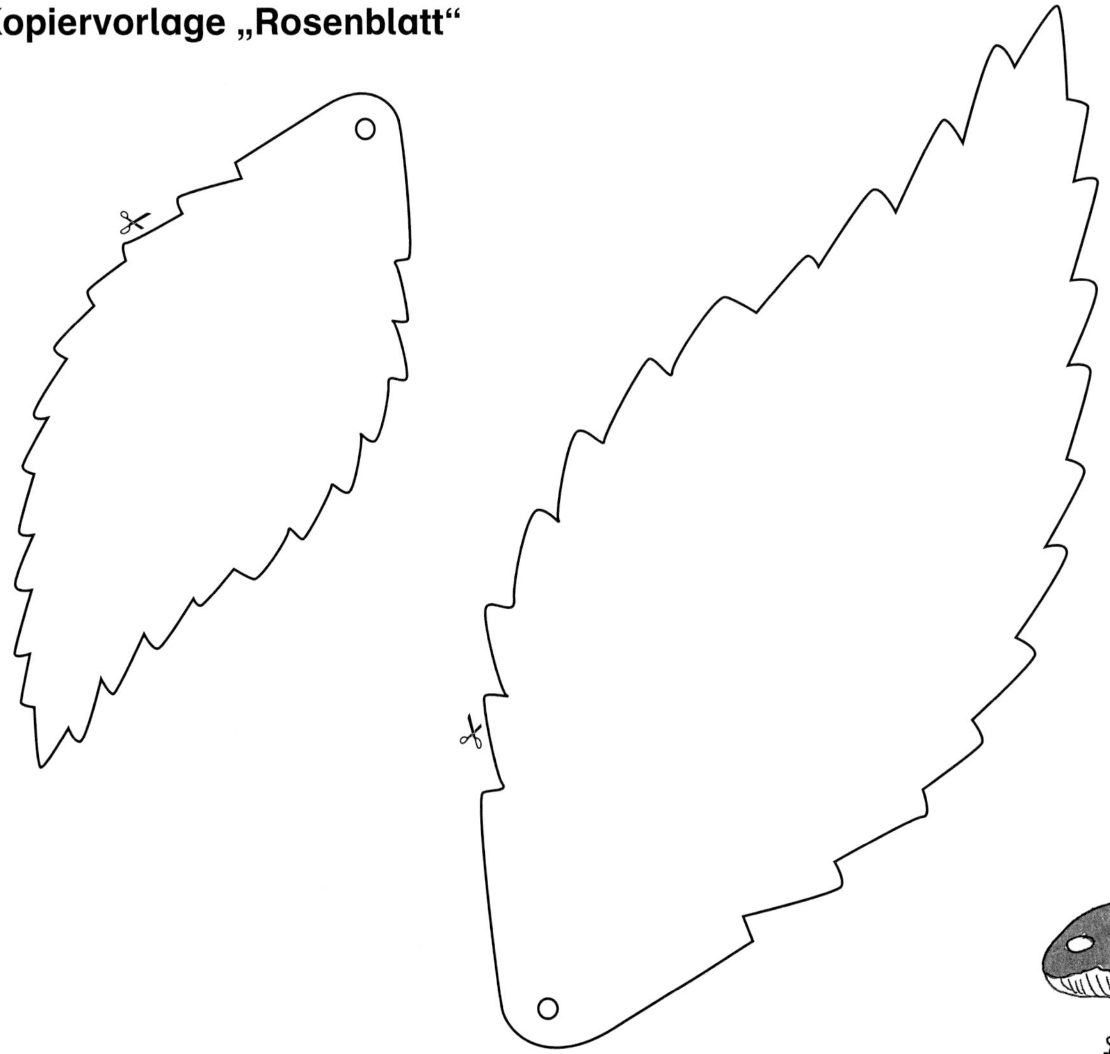

Spule bauen (ab 4 Jahren, Dornröschen)

Material:
1 Holzstab von etwa 30 cm Länge und 1,5 cm Durchmesser, 1 alte CD, 1 Haken, Heißkleber

Arbeitsanleitung:
1. Zuerst wird die CD auf den Holzstab gesteckt und in die Mitte geschoben. Die CD wird mit Heißkleber auf dem Stab fixiert. Helfen Sie den Kindern hierbei.
2. Dann dreht man den Haken an einem Ende in den Holzstab. Fertig ist die Handspule.

Hinweis:
Das Angebot „Von der Schafwolle zum Nähgarn“ (s. S. 33) geht näher auf die Nutzung der Spule ein.

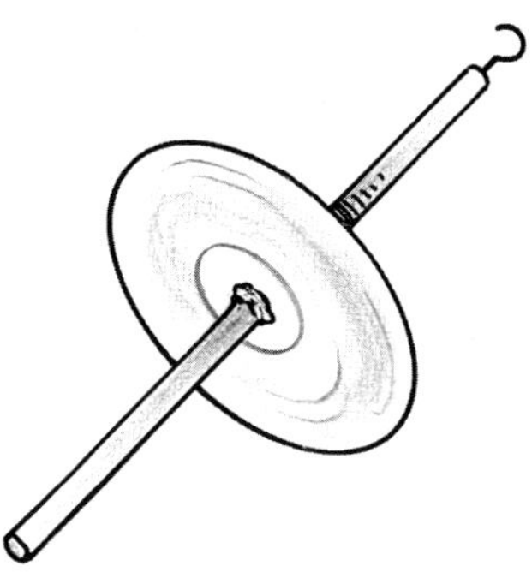

Haspel bauen (ab 4 Jahren)

Material:
2 gleichlange Holzleisten (ca. 15 cm lang und 3 cm breit), 4 gleichlange Rundhölzer (etwa 6 cm lang), Bohrer, 1 Schraube, Holzleim, 1 Schraubenzieher

Vorbereitung:
Die Hölzer zurechtsägen und schmirgeln. Löcher in die Hölzer bohren: Jeweils ein Loch an die Enden der beiden Holzleisten. Die Löcher müssen denselben Durchmesser wie die Rundhölzer haben. Zusätzlich jeweils ein Loch in die Mitte der Holzleisten bohren. Dieses Loch ist für die Schraube bestimmt.

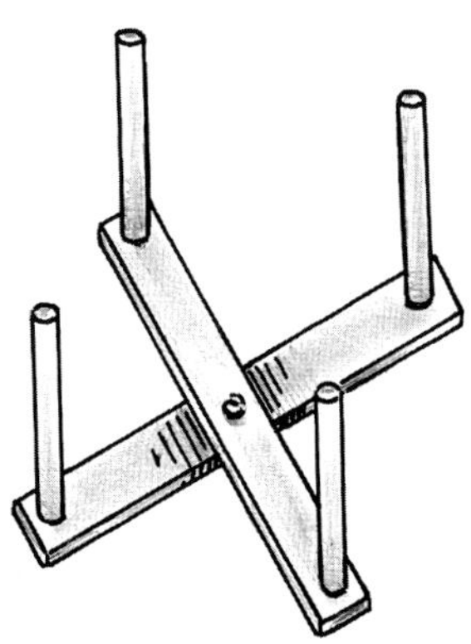

Arbeitsanleitung:
1. Die Kinder legen die Holzleisten über Kreuz aufeinander, sodass die Löcher in der Mitte exakt übereinanderliegen. Die Schraube wird in die beiden vorgebohrten Löcher in der Mitte der Holzleiste gesteckt und festgeschraubt.
2. Die Rundhölzer werden an den Enden der Holzleisten in die Löcher gesteckt und mit dem Holzleim fixiert. Fertig ist die Haspel.

Hinweis:
Die Nutzung der Haspel wird in dem Angebot „Von der Schafwolle zum Nähgarn“ (s. S. 33) näher erläutert.

Korb für Kuchen und Wein (ab 5 Jahren, Rotkäppchen)

Material:

Pappkartons und Pappschachteln (vorzugsweise Cornflakespackungen), 1 Schere, 1 langes Lineal / Maßband, Büroklammern, 1 Tacker und Heftklammern, Stifte, (braune) Fingerfarbe, Pinsel, Klebefilm oder 1 Klebestift, Klarlack, Heißkleber

Arbeitsanleitung:

1. Die Kartons sollten alle die gleiche Stärke haben und an der Klebenaht auseinandergenommen werden. Nun einen Karton auf die Arbeitsfläche legen und in Streifen mit 2,5 cm Breite schneiden. Die Streifen sollten 40 cm lang sein. Es sind 20 Streifen erforderlich. Außerdem werden zwei Streifen von 30 cm Länge und 5 cm Breite für den Rand des Korbes benötigt.
2. Jetzt kann der Korb geflochten werden. Dazu flechtet man zuerst ein Quadrat. Die Streifen werden wie beim Weben ineinandergeschoben, sie wechseln sich immer ab. Die einzelnen Streifen müssen einmal über und einmal unter den anderen Streifen hindurchgeschoben werden. Auf diese Weise sollte jetzt ein Quadrat aus 10 Streifen x 10 Streifen entstehen. Achten Sie bitte darauf, dass die Streifen eng aneinanderliegen, um die Stabilität zu gewährleisten. Bitte kleben Sie über bereits fertig gelegte Streifen Klebefilm, denn die Streifen fallen sonst wieder auseinander oder verschieben sich. Alternativ können Sie auch die sich überschneidenden Punkte mit Klebestift festkleben. Die äußeren Streifen sollten nicht geklebt werden.
3. Von jeder Seite werden nun zwei Streifen nach oben geknickt, sodass die Korbwände entstehen. Die überstehenden Streifen werden an den Ecken um die Kanten gelegt und eingeflochten. Dann tackert man die Enden zusammen, um sie miteinander zu verbinden.
4. Jetzt sollten die vier Wände stehen und nur noch einzelne Streifenreste oben herausschauen. Diese überstehenden Streifenenden werden abgeschnitten.
5. Als Nächstes wird der Korbrand stabilisiert. Dazu werden die Pappstreifen mit 30 cm Länge und 5 cm Breite der Länge nach mittig gefaltet. Die Länge bleibt so erhalten, doch der Streifen ist jetzt nur noch 2,5 cm breit. Die Falz wird auf die Korbkante gelegt und der Streifen von beiden Seiten am Korbrand festgeklebt oder -getackert. Alle Streifenenden sollten abgedeckt sein, sodass der Korb nicht mehr aufgehen kann.
6. Nun kann der Korb zum Beispiel mit brauner Fingerfarbe bemalt werden. Fingerfarbe trocknet hart und macht den Korb somit stabiler. Abschließend den fertig bemalten Korb mit Klarlack einsprühen, dann bröckelt die Farbe nicht ab.

Hinweis:

Je nach Motivation und Bastellaune können Blumen gebastelt werden, um den Korb zu verschönern.

Korb basteln (ab 2 Jahren, Rotkäppchen)

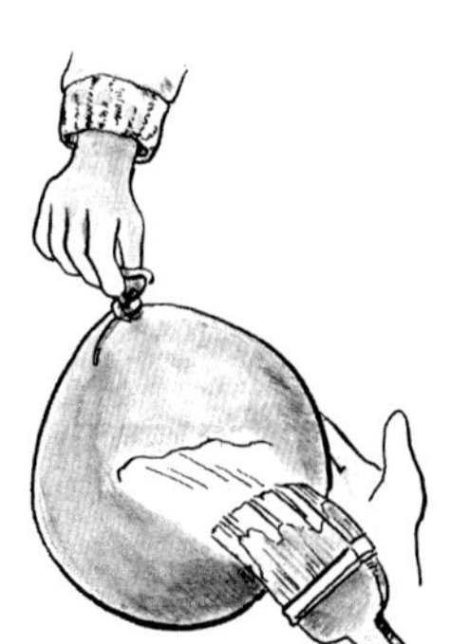

Material:
Zeitungspapier, Kleister, Wasser, Luftballons, Fingerfarbe, Schalen, Pinsel, Becher, 1 Eimer, 1 langer Holzstab zum Anrühren, evtl. 1 Nadel

Vorbereitung:
Rühren Sie den Kleister nach Packungsanleitung an.

Arbeitsanleitung:
1. Das Zeitungspapier wird in Schnipsel zerrissen und in Schalen bereitgestellt. Es sollten für jedes Kind ausreichend Schnipsel vorhanden sein.
2. Für jedes Kind wird ein Luftballon auf die gewünschte Korbgröße aufgepustet. Der Ballon wird flächenweise eingekleistert und sofort mit Papier beklebt, damit der Kleister nicht austrocknet. Mit dem Kleister und dem Papier wird der halbe Ballon in mehreren Lagen eingestrichen. Je mehr Lagen Papier auf dem Ballon sind, umso stabiler wird der Korb hinterher.
3. Nun muss der Kleisterballon einige Stunden trocknen. Dazu wird der Ballon auf einen Becher gestellt. So kann er von allen Seiten trocknen, ohne irgendetwas zu beschmutzen.
4. Wenn der Kleister vollständig getrocknet ist, kann der Ballon aus der Form gelöst werden. Sollte dies Probleme machen, piksen Sie vorsichtig mit einer Nadel in den Ballon, damit er sich langsam verkleinert oder zerplatzt, oder schneiden Sie ihn vorsichtig an der verknoteten Stelle ein. Anschließend kann der Korb mit Fingerfarbe bemalt werden.

Hoppsa, durch den Märchenwald (ab 3 Jahren, für 2–5 Spieler)

Material:
Kopiervorlage „Spielplan“ (s. S. 30), Spielfiguren in verschiedenen Farben, 1 Zahlenwürfel, Laminierfolie und -gerät, Stifte

Vorbereitung:
Den Spielplan kopieren, ggf. anmalen und laminieren, evtl. die Übersicht „Ereignisfeld“ hochkopieren.

Spielregeln:
- Jedes Kind sucht sich eine Spielfigur aus und stellt sie auf das Startfeld.
- Der älteste Spieler würfelt zuerst. Der Augenzahl entsprechend zieht der Spieler seine Spielfigur nach vorn. Bleibt er auf einem weißen Feld stehen, passiert nichts.
- Bleibt er auf einem Ereignisfeld stehen, muss er die entsprechende Aufgabe befolgen. Befolgt er die Anweisung nicht, muss er zwei Felder zurückgehen.
- Nachdem der Spieler die Anweisung ausgeführt hat, ist der nächste Spieler an der Reihe.
- Kommen zwei Spieler gemeinsam auf einem Feld an, dürfen sie sich einmal drücken oder sich die Hand schütteln.
- Gewonnen hat der Spieler, der zuerst am Ziel angekommen ist.

Hoppsa, durch den Märchenwald – Spielplan

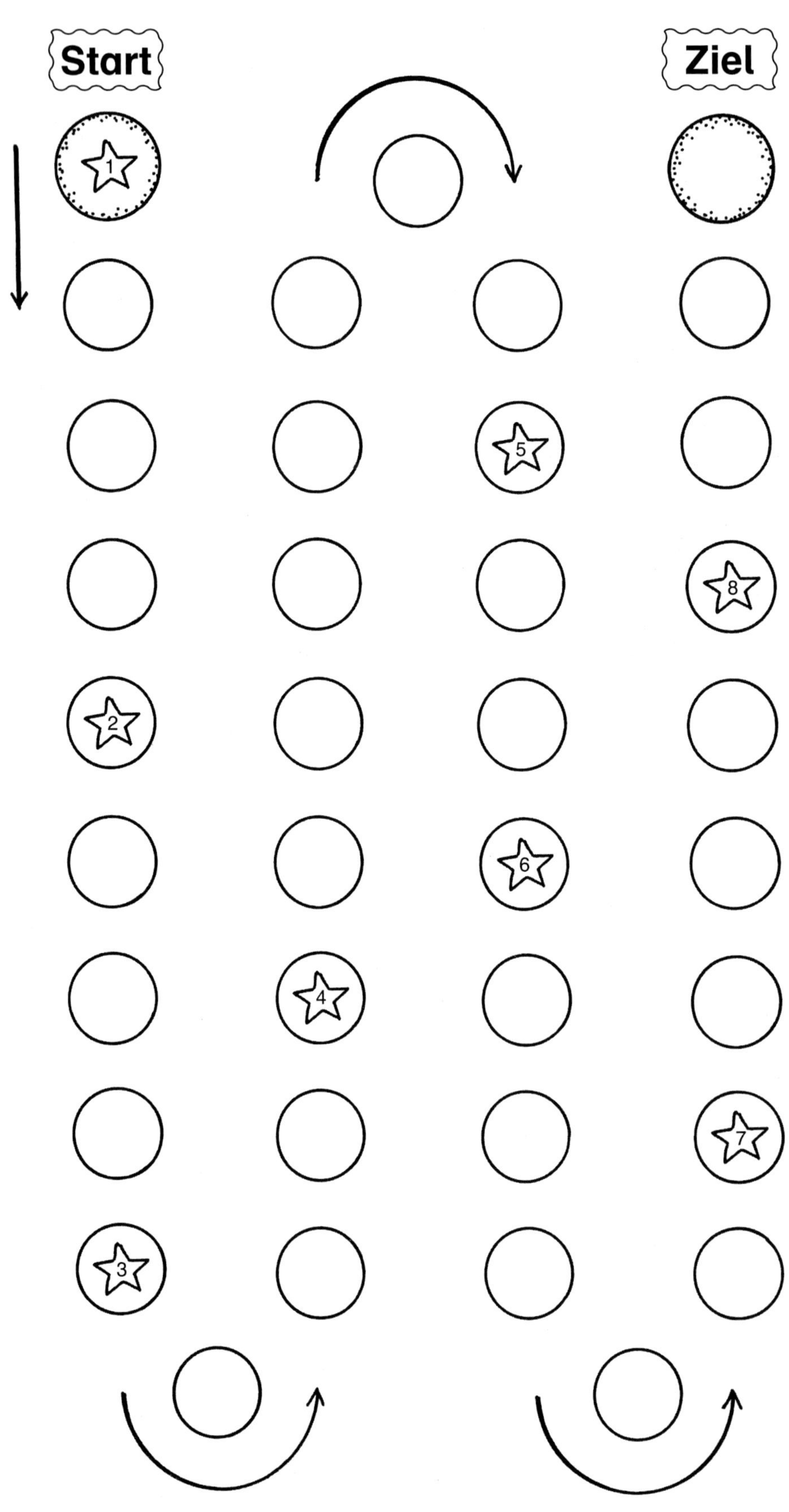

Start

Ziel

1

5

8

2

6

4

7

3

Ereignisfelder:

☆1 und ☆8: Du musst eine ganze Nacht lang Stroh zu Gold spinnen, deshalb setzt du eine Runde aus.
☆2 und ☆5: Erzähle kurz das Märchen von Rotkäppchen.
☆3 und ☆7: Stampfe wie ein Zwerg durch die Gruppe und singe laut ein Lied.
☆4: Dornröschen ist gerade in einen tiefen Schlaf gefallen. Setze eine Runde aus.
☆6: Schließe die Augen. Ein anderer Spieler versteckt deinen Hausschuh, den du suchen musst.

BVK • Cornelia Emde: Kita aktiv „Projektmappe Märchen“

Was gehört zusammen? (ab 5 Jahren)

Es passen immer zwei Märchenbilder zusammen.

Verbinde sie mit einem Strich. Male dann die Bilder aus.

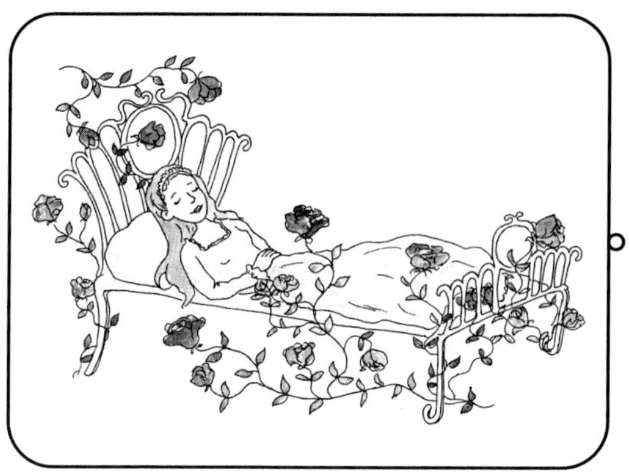

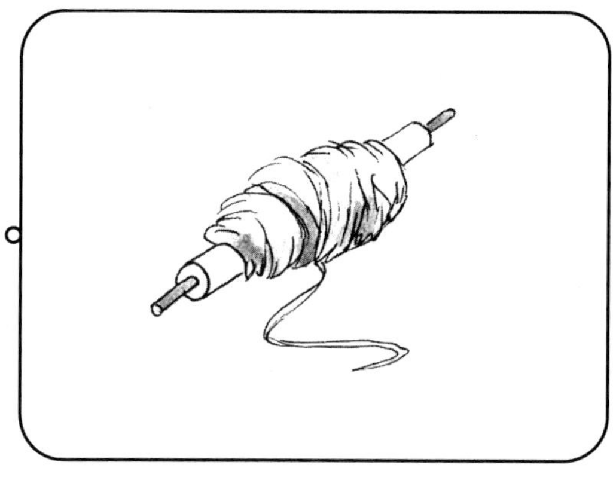

Waldspaziergang (ab 2 Jahren)

Material:
je nach Wetter entsprechende Kleidung, Decken, 1 Fotoapparat, 1 Erste-Hilfe-Set, 1 Märchenbuch

Vorbereitung:
Suchen Sie am besten vorab ein Waldstück aus, das von Kindern benutzt werden darf (ggf. beim Forstamt oder der Stadtverwaltung nachfragen). Gehen Sie den Fußweg vorher einmal ab, um eventuelle Gefahren zu vermeiden.
Sorgen Sie für genügend Begleitpersonen. Nehmen Sie ein Erste-Hilfe-Set und die Telefonnummern der Eltern für den Notfall mit.

Arbeitsanleitung:

1. Zunächst kommen die Kinder in einem Gesprächskreis im Märchenreich zusammen. Hier können sie gemeinsam den Zusammenhang zwischen Märchen und Wald erarbeiten. In vielen Märchen kommt in irgendeiner Weise ein Wald vor. Man kann den Kindern den Grund dafür erläutern oder sie später im Wald Gründe finden lassen. Ein Wald bietet für Lebewesen Schutz, Rückzugsmöglichkeiten und Lebensraum. Früher gab es nur Wald und Feld, beides war für die Menschen die natürliche Umgebung, in der auch ihre Geschichten spielten. Der Wald war zudem ein geheimnisvoller und dunkler Ort, an dem sich alle möglichen Wesen verstecken und sich Dinge ereignen konnten. Finden Sie doch mit den Kindern heraus, ob den Märchenhelden im Wald etwas Böses oder Gutes widerfahren ist (Schneewittchen fand im Wald das Haus der Zwerge, Hänsel und Gretel finden das Knusperhaus).
2. Im Wald sollten die Kinder zunächst Zeit haben, sich selbst mit dem Wald auseinanderzusetzen. Bedenken Sie, dass die Kinder im Vorfeld schon etwas im Zusammenhang mit dem Wald gemacht haben und jetzt begierig darauf sind, ihn selbst zu entdecken. Grenzen Sie ein Gebiet ein, in dem die Kinder sich frei bewegen können.
3. Haben die Kinder ihre Freispielzeit beendet, finden sie sich auf den ausgebreiteten Decken zusammen.
4. Fragen Sie die Kinder nach ihren Eindrücken und Erlebnissen. Weisen Sie sie auf die Geräusche, Gerüche und anderen Einwirkungen hin. Eventuell erinnern sich die Kinder an irgendwelche Naturfrüchte, Bäume oder Blätter.
5. Vielleicht können Sie im Wald ein Märchen vorlesen. Versuchen Sie, einige Walderfahrungen im Zusammenhang mit den Märchen mit einzubringen. So können die Kinder die Dinge in sich aufnehmen, verarbeiten und abspeichern. Natürlich ist ein Kinderkopf irgendwann von den Sinneseindrücken überfüllt. Fotografieren Sie daher alles, dann können sich die Kinder später beim Durchsehen der Fotos wieder an Details erinnern, die sonst in der Informationsfülle verlorengehen.

Naturfrüchte kennenlernen (ab 4 Jahren)

Material:
Kleine Stoffbeutel, Lupen, 1 Bogen Tonkarton in DIN A3, Klebstoff, Stifte, evtl. Bestimmungsbücher

Arbeitsanleitung:

1. Entweder werden die Früchte und Materialien im Vorfeld im Wald gesammelt und das Angebot wird im Kindergarten durchgeführt, oder man unternimmt einen neuen Spaziergang in den Wald (Vorbereitungen s. S. 32).
2. Fragen Sie die Kinder, ob sie sich noch an Bäume oder Früchte (Nüsse, Beeren) in den Märchen erinnern können. Fallen ihnen keine ein, so kann man konkrete Frage stellen (z. B.: Was fanden Hänsel und Gretel im Wald zu essen? Welche Nüsse hängen an Aschenputtels Strauch?) Außerdem kann man fragen, welche Blätter, Nüsse und Beeren die Kinder kennen.
3. Gegebenenfalls können die Kinder verschiedene Früchte und Blätter bei einem Waldspaziergang sammeln. Dafür können Sie ihnen die Beutel geben.
4. Die gesammelten Blätter, Nüsse und Beeren werden zusammengetragen. Man kann damit beginnen, jede einzelne Frucht oder jedes einzelne Blatt vorzustellen. Vielleicht entdeckt man ja auch Früchte und Blätter von demselben Baum (z. B. Buchenblatt und Bucheckern von der Buche / Eicheln und Eichenblätter von der Eiche / Tannenzapfen und Tannennadeln von der Tanne). Es ist wichtig, die Kinder auch hierbei viel mit ihren Sinnen erleben zu lassen. Sie können die Naturmaterialien befühlen, erspüren, beschnuppern, aber bitte nicht schmecken. Legen Sie auch Bestimmungsbücher bereit, sodass sie gemeinsam nachschlagen können.
5. Stellen Sie mit den Kindern ein Plakat her, auf das die gefundenen Früchte aufgeklebt und mit Namen versehen werden.

Von der Schafwolle zum Nähgarn (1) (ab 4 Jahren)

Material:
Schafwolle (so viel, dass für jedes Kind etwas zum Verarbeiten vorhanden ist), gebastelte Handspulen (s. S. 27), gebastelte Haspeln (s. S. 27), 1 Blumenspritze, leere Toilettenpapierrollen

Vorbereitung:
Bereiten Sie einen Stuhl- oder Sitzkreis vor und legen Sie das Material in die Mitte.

Arbeitsanleitung:

1. Bitten Sie die Kinder zu einem Gesprächskreis um das vorbereitete Material herum. Fragen Sie zunächst, woher die Wolle kommt und wie sie hergestellt wird.

2. Im weiteren Verlauf erklären Sie den Weg von der Schafwolle zum Nähgarn, den die Wolle früher im handwerklichen Prozess durchlaufen hat. Dieser kann mit den Kindern erarbeitet werden:
   Als Erstes wird dem Schaf, in der Regel im Frühjahr, das Fell geschoren. Dann wird die Wolle gewaschen und getrocknet. Hier können Sie den Kindern die echte Schafwolle zeigen. Die Kinder können die Wolle befühlen und erleben.

   Anschließend werden die Fasern der Schafwolle mit dem Spinnrad auf eine Spule gezogen. Alternativ können die Wollfasern mit einer Handspule aufgezogen werden. Falls Sie vorher mit den Kindern Spulen gebastelt haben, können Sie die Spulen

Von der Schafwolle zum Nähgarn (2) (ab 4 Jahren)

jetzt miteinbeziehen und sie den Kindern vorführen und / oder die Kinder selbst die Fasern aufziehen lassen. Dazu bekommt jedes Kind ein bisschen Schafwolle und seine eigene Spule. Die Aufgabe der Kinder ist es, die aus der Schafwolle herausgezupften Fasern herauszuziehen und auf die Spule zu drehen. Das bedeutet, einzelne Faseranfänge müssen in der Schafwolle lokalisiert und mit den Fingern vorsichtig herausgezogen werden. Der Anfang der Faser wird um die Spule gewickelt und dann im weiteren Verlauf um die Spule gedreht. Dadurch zieht sich die Faser aus dem Schafwollknäuel heraus.

Die Kinder können selbst ausprobieren, die Fasern auf die Spule zu ziehen, ggf. müssen Sie das mit Ihrer Spule vorführen. Dafür zieht man das eine Ende der Wolle durch den Haken bis zur CD. Am besten wickelt man die Faser einmal um den Haken. An der CD angekommen, knotet man die Faser am Holzstab leicht fest oder wickelt die Faser ein paar Mal straff um den Holzstab, bis er sich nicht mehr von allein löst.

Nun kann die Faser auf die Spule gezogen werden, indem man mit einer Hand die Spule unterhalb der CD dreht und mit der anderen Hand die Faser unter dem Haken hindurchgleiten lässt. Am besten arbeitet man am Tisch oder auf dem Schoß. Dann legt man die gekräuselte Faser auf den Tisch oder die Knie und legt den Zeigefinger auf die nun aufzurollende Faser. Die Faser soll also nun unter dem Zeigefinger herlaufen. Der Zeigefinger hält die Faser in einer Linie, sodass sie gleichmäßig auf die Spule gezogen werden kann.

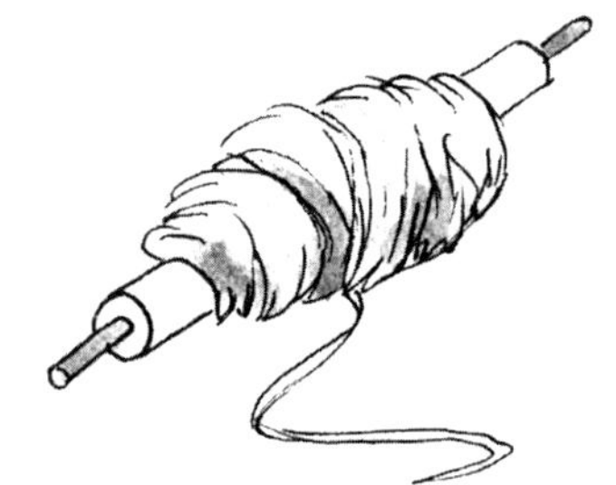

Anschließend werden die Fasern auf eine Haspel gewickelt, damit die Fäden glatt werden. Würde man Sie direkt von der Spule verarbeiten, würden sie sich wieder zusammenkräuseln, was beim Nähen sehr störend ist. Hat man die Fäden gehaspelt, kann sich der Faden an den glatten Zustand „gewöhnen“. Zum Haspeln wickelt man die Fäden von der Spule um die vier Ecken der Haspel. Hier kommen jetzt die selbst gebastelten Haspeln zum Einsatz. Dafür nimmt sich jedes Kind seine Haspel und die eigene Woll-Spule. Der Anfang des Fadens von der Spule muss um einen Stab der Haspel gewickelt werden, bis er sich von selbst nicht mehr löst. Nun können die Kinder den Faden auf der Spule um die vier Ecken der Haspel herumwickeln, sodass eine Art „Woll-Zaun“ entsteht. Die Fäden sollten allerdings straff herumgelegt werden, damit sie sich glätten können. Falls Sie keine Haspel gebaut haben, können Sie auch einen umgedrehten Stuhl nehmen und die Fäden um die Stuhlbeine legen.

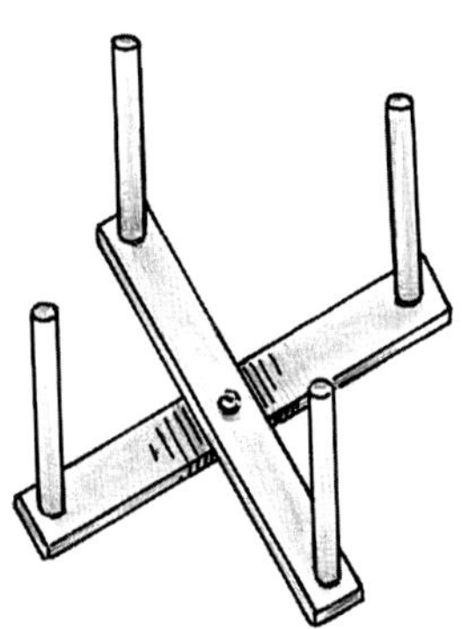

Wenn nun alle Fäden auf der Haspel sind, werden die Fäden je nach Sauberkeit noch einmal gewaschen. Falls dies nicht nötig ist, sollten die Fäden trotzdem noch einmal (mit einer Blumenspritze) befeuchtet und anschließend luftgetrocknet werden.

In der praktischen Umsetzung nimmt dies einige Stunden in Anspruch. Das Angebot kann später oder am nächsten Tag fortgesetzt werden.

Sind die Fäden jetzt geglättet, können sie jeweils auf eine Toilettenpapierrolle aufgewickelt und verarbeitet oder zum Beispiel zum Nähen der Zwergenmützen genutzt werden.

Hinweis:
Das Angebot ist nicht einfach umzusetzen. Ich empfehle, es vorher einmal selbst auszuprobieren, denn meiner Erfahrung nach ist Schafwolle nicht leicht zu handhaben. Falls es zu schwierig wird, können Sie auch von einem Wollknäuel die Wollfäden auseinanderzupfen und auf die Spule ziehen lassen.

BVK • Cornelia Emde: Kita aktiv „Projektmappe Märchen“

Knusperhäuschen bauen (ab 3 Jahren, Hänsel und Gretel)

Zutaten:
Butterkekse (pro Kind 3 Kekse), Gummibärchen, Schokolinsen, Kuvertüre

Arbeitsmittel:
1 Topf mit Wasser, 1 Metallschüssel, 1 Herd, Löffel, Pinsel/Messer

Zubereitung:
1. Zuerst die Kuvertüre im Wasserbad verflüssigen.
2. Nun werden zwei Butterkekse an einem Ende mit der Schokolade zusammengeklebt, sodass ein Dach entsteht. Die geöffnete Seite des Daches sollte die gleiche Länge wie der dritte Butterkeks haben.
3. Das Dach wird mit Kuvertüre auf dem dritten Butterkeks befestigt.
4. Jetzt kann man Gummibärchen in das Häuschen setzen und das Dach mit Schokolade und Schokolinsen verzieren.

Hinweis:
Das Knusperhaus kann auch als gesunde Variante hergestellt werden. Anstelle der Kekse verwendet man Schwarzbrot. Als „Kleber" eignet sich Frischkäse. In das Häuschen kann man Käsewürfel mit einer Weintraube obendrauf setzen.

Gesundes Zwergen-Frühstück (ab 2 Jahren, Schneewittchen)

Zutaten:
Cocktailtomaten, Würstchen, Frischkäse, Schwarzbrot (nach Möglichkeit rund), Käse- und Wurstscheiben (rund), Kopfsalat, Kresse, Möhren, Gurken, Paprika, Kresse

Arbeitsmittel:
Schneidebrettchen, Messer, Sparschäler, 1 Brotmesser, Teller

Zubereitung:
Zuerst alles Gemüse sorgfältig waschen.
für die Pilze im Wald: Würstchen in 4 cm lange Stücke schneiden. Cocktailtomaten halbieren und je eine Hälfte auf ein Würstchenstück legen. Mit dem Frischkäse weiße Punkte auf die Tomaten tupfen.
Schnecken: Die Möhren schälen und in 4 cm lange Stücke schneiden. In die Möhre auf einer Seite einen 2 cm langen Schlitz einschneiden und eine dünne Scheibe Gurke in den Schlitz stecken.
Zwergengesichter: Das Brot wird mit Frischkäse bestrichen und dann mit einer Scheibe Käse oder Wurst belegt. Anschließend Cocktailtomaten halbieren und für die Augen und die Nase jeweils eine Hälfte auf den Brotbelag legen. Für den Mund wird eine Möhre gestiftelt und ein Stift auf das Brot gelegt. Für die Mütze wird eine halbrunde Scheibe Schinken oben am Kopf angelegt. Vegetarier bekommen Haare aus Kresse oder eine Mütze aus roter Paprika (die Form bitte zuschneiden).

Wenn Sie alles auf mit Salatblättern belegten Tellern servieren, sieht das Frühstücksmahl sehr appetitlich aus.

Kuchen und „Wein“ (ab 2 Jahren, Rotkäppchen)

Zutaten für den Kuchen:
250 g Butter + etwas Butter zum Einfetten der Gugelhupfform,
250 g Zucker, 1 Päckchen Vanillezucker, 3 Eier, 350 g Mehl,
2 gestrichene Teelöffel Backpulver, Puderzucker zum Bestäuben

Material:
2 Rührschüsseln, 1 Handrührer mit Rührstäben, 1 Gugelhupfform, 1 Backofenrost, 1 Küchenwaage,
1 Teelöffel, 1 Backpinsel, 1 Backofen

Vorbereitung:
Den Backofen auf 180 – 200 °C vorheizen und die Gugelhupfform einfetten.

Zubereitung:
1. Zuerst wird die Butter in einer Schüssel mit einem Handrührer mit Rührstäben auf der höchsten Stufe schaumig gerührt.
2. Nach und nach werden Zucker und Vanillezucker untergerührt, bis eine gebundene Masse entstanden ist.
3. Anschließend werden die Eier nacheinander jeweils etwa eine halbe Minute mit eingerührt.
4. Mehl und Backpulver miteinander vermengen und dann unterrühren.
5. Der Teig wird in die Gugelhupfform gefüllt.
6. Die Form auf einem Rost in den Backofen schieben und bei 180 – 200 °C Ober-/Unterhitze etwa 60 Minuten backen. Anschließend den Kuchen zehn Minuten auskühlen lassen, dann aus der Form holen und erkalten lassen.
7. Zuletzt kann der Puderzucker über den Kuchen gesiebt werden.

Hinweis:
Backen Sie den Kuchen für das Großmutter-Geschenk (s. S. 59), dann können Sie auch kleinere Gugelhupfformen verwenden. Hierfür gibt es Backformen mit sechs kleinen Gugelhupfen.

Zutaten für den „Wein“:
2 l roter Früchtetee
1 l Orangensaft
1 l roter Traubensaft
ggf. noch Zucker (hängt vom Geschmack des Tees ab)
leere Flaschen

Material:
1 Herd, 1 Wasserkocher, 1 großer Topf, 1 Rührlöffel, 1 Teelöffel

Zubereitung:
1. Den Früchtetee nach Packungsanleitung zubereiten und erkalten lassen. Die Säfte hinzufügen und verrühren.
2. Wenn Sie die Mixtur süßen möchten, empfiehlt es sich, die Säfte in den heißen Tee zu mischen und dann nach Belieben zu süßen. Der Zucker löst sich am schnellsten in heißer Flüssigkeit auf.
3. Das erkaltete Getränk in die leeren Flaschen füllen.

Bilder-Kopiervorlage von Zutaten und Haushaltsgegenständen

Knusperhäuschen bauen:

Gesundes Zwergen-Frühstück:

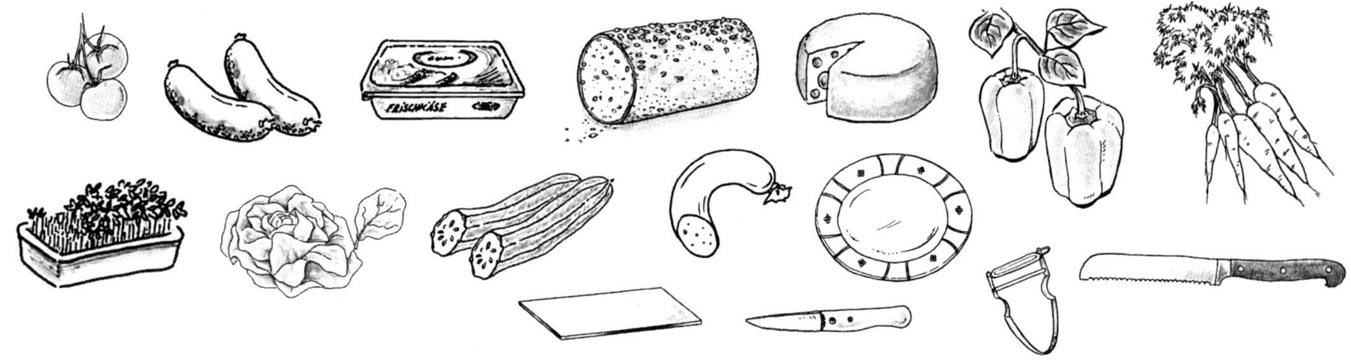

Kuchen und „Wein":

Kuchen:

Wein:

Märchen-Würfel-Puzzlespiel (ab 4 Jahren, für 6 Spieler)

Material:
1 Zahlenwürfel, Kopiervorlagen „Märchen-Puzzle“ (s. S. 38/39), Tonkarton, Scheren, Klebstoff, Buntstifte oder Filzstifte, evtl. 1 Laminiergerät und -folie

Vorbereitung:
Die Kopiervorlagen werden pro Kind einmal kopiert und auf den Tonkarton geklebt. Die Kinder malen die Bilder aus und schneiden die Puzzleteile aus. Die Würfelaugen auf den Puzzleteilen sollten klar zu erkennen sein. Sie können das Puzzle zur besseren Haltbarkeit laminieren, bevor Sie es zerschneiden.

Spielregeln:
Es werden so viele Märchenmotive, wie Kinder da sind, auseinandergenommen und in die Mitte gelegt. Jedes Kind entscheidet sich für ein Märchenmotiv, das es im Spielverlauf zusammensetzen möchte. Der jüngste Spieler beginnt. Er darf einmal würfeln. Er bekommt das Puzzleteil seines vorher gewählten Märchenmotivs, dessen Würfelaugenzahl er gewürfelt hat. Wenn sich das Kind beispielsweise für die Märchenkarte „Schneewittchen“ entschieden hat und eine Drei würfelt, darf es sich das Puzzleteil von „Schneewittchen“ mit der Würfelaugenzahl Drei aus der Mitte nehmen und vor sich ablegen. Dann ist der nächste Spieler an der Reihe. Es wird reihum gewürfelt.
Hat ein Spieler zwei oder mehr Puzzleteile erworben, muss er sein Puzzlebild zusammensetzen.
Wenn ein Spieler eine Augenzahl würfelt, die er bereits besitzt, ist der nächste Spieler an der Reihe.
Gewonnen hat der Spieler, der sein Märchenmotiv zuerst komplett zusammengesetzt hat.

Kopiervorlage „Märchen-Puzzle“

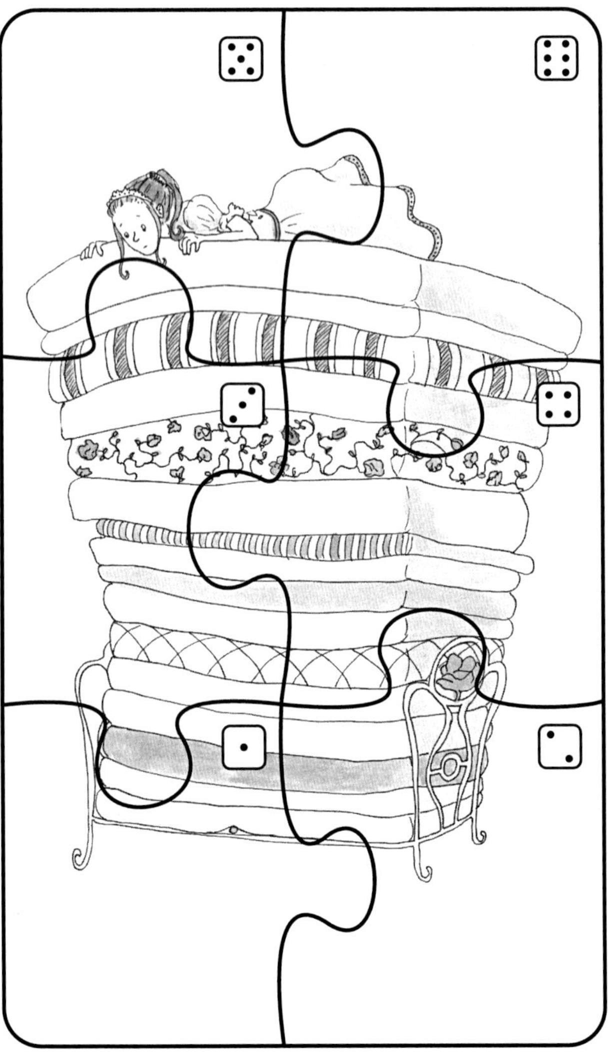

Zähl-Wald (ab 4 Jahren, für 1 – 4 Spieler)

Material:

Kopiervorlagen „Zähl-Wald" (siehe unten), Tonkarton, 1 Schere, Klebstoff, Stifte, 1 Laminiergerät und -folie

Vorbereitung:

Kopiervorlagen hochkopieren und auf Tonkarton kleben, dann anmalen. Anschließend können die Bäume noch laminiert werden. Die Tannenbäume ausschneiden und entlang der gestrichelten Linie in der Mitte auseinanderschneiden.

Spielregeln:

Alle Baumhälften werden gemischt in die Mitte gelegt. Nun werden die Bäume mit den Zahlen zu den Bäumen mit der Menge zugeordnet. (Beispiel: Die Baumhälfte mit der Zahl sieben gehört zu der Baumhälfte mit den sieben Zwergen.) Je nach Spieleranzahl kommen die Kinder reihum an die Reihe oder jeder nimmt sich, was er entdeckt hat. Gewonnen hat der, der die meisten richtigen Tannenbäume gefunden hat.

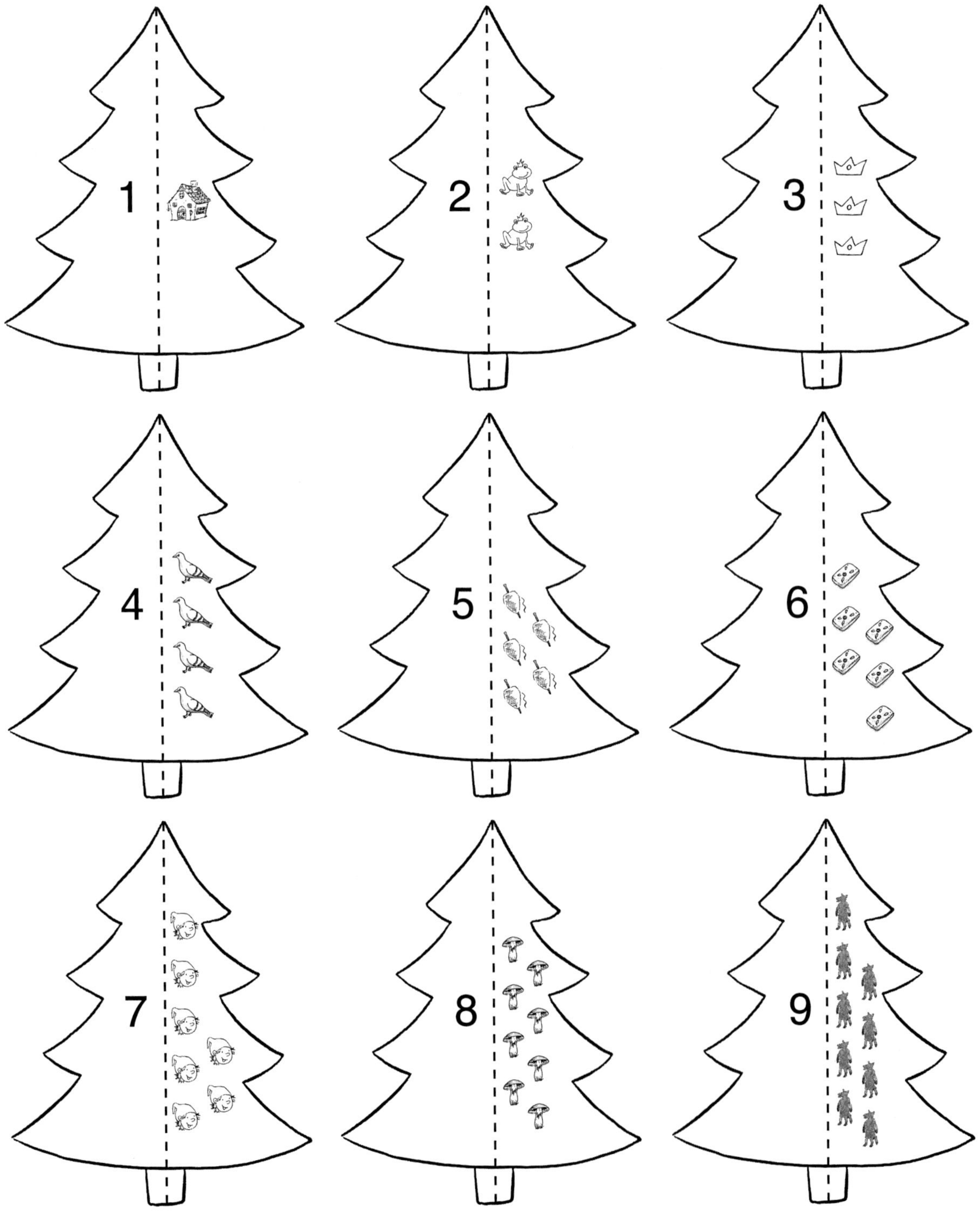

1 2 3

4 5 6

7 8 9

Zählend durch das Märchenland (1) (ab 3 Jahren)

Material:
Kopiervorlage „Stationspass" (s. S. 42), mehrere Bögen Tonkarton für die Stationspässe, 9 feste Unterlagen, Buntstifte, 2 Spiegel, 1 Flasche Rasierschaum, 1 Lappen, evtl. 1 Fotoapparat, 1 Blumentopf, Tonkarton in Rot und Orange, 1 Bleistift, 1 Schere, Klebstoff, doppelseitiges Klebeband, einige Haselnüsse, 1 Trinkbecher, 1 Eimer, 2 Kastanien, 2 Bucheckern, 2 Stöckchen, 2 Blätter, 2 Eicheln, 2 Steine, 2 Tannenzapfen, 1 Schuhkarton, 1 Augenbinde, Bauklötze, Linsen, 1 Wanne, 10 Steine, 2–3 Seile, 1 Steckenpferd, Trauben oder Gummibärchen, 9 Stempel, evtl. 9 Tische

Vorbereitung:
Die Kopiervorlage „Stationspass" wird vervielfältigt, sodass für jedes Kind ein Pass vorhanden ist.
Am besten klebt man die Pässe auf Tonkarton, damit sie nicht so schnell verknittern.
Für die Stationen werden neun Tische, Ecken oder freie Flächen benötigt, um sie aufbauen zu können.
Nach Möglichkeit sollte an jeder Station eine feste Unterlage zum Ausmalen vorhanden sein. Jeweils einen Stempel und ein paar Buntstifte an jede Zahlenstation legen.

An der ersten Station werden nun die Spiegel und der Rasierschaum aufgestellt. Zum Abwischen des Schaums einen Lappen bereitlegen.
Für die zweite Station werden Flammen auf den roten und orangefarbenen Tonkarton gemalt und ein Blumentopf wird damit beklebt, sodass man ein Lagerfeuer erhält.
An der dritten Station werden der Trinkbecher und der Eimer aufgestellt und die Haselnüsse bereitgelegt. Kennzeichnen Sie eine Wurflinie auf dem Boden.
An der vierten Station werden alle Naturmaterialien in einen Schuhkarton gelegt und dieser wird verschlossen. Die Augenbinde wird danebengelegt.
Die Bauklötze werden an der fünften Station platziert. Bauen Sie die Station nach Möglichkeit in einem geschützten Bereich auf, damit umherlaufende Kinder die Türme nicht zerstören.
Die Wanne wird an der sechsten Station aufgestellt und mit Linsen gefüllt. Die zehn Steine werden in der Wanne versteckt. Während des Angebotes das Linsenbad nicht aus den Augen lassen, damit die Kinder die Linsen nicht einatmen oder sie in Körperöffnungen stecken.
Für die siebte Station sind keine weiteren Vorbereitungen notwendig.
An der achten Station wird mit den Seilen eine 8 auf den Boden gelegt und die Steckenpferde liegen daneben.
Die Gummibärchen werden an die neunte Station gelegt.

Arbeitsanleitung:
Jedes Kind erhält einen Stationspass. Nach jeder absolvierten Station bekommt es einen Stempel auf das entsprechende Feld. Hat das Kind also Station 4 absolviert, ob erfolgreich oder nicht, bekommt es einen Stempel in das vierte Feld. Außerdem malt jedes Kind an jeder Zahlenstation die entsprechende Zahl auf seiner Karte aus. Wenn alle Stationspässe aufgeteilt sind, verteilen sich die Kinder an den Stationen, sodass kein Kind warten muss und alle gleichzeitig beginnen dürfen.

1. An der ersten Station malen die Kinder die Zahl 1 aus. Anschließend stellen sie sich vor den Spiegel, sagen den Spruch „Spieglein, Spieglein an der Wand, wer ist die Schönste im ganzen Land?" auf und malen mit Rasierschaum ein Gesicht auf den Spiegel. Von dem Gesicht kann man ein Foto machen, bevor es weggewischt wird.
2. An der zweiten Station wird die Zahl 2 ausgemalt. Jedes Kind tanzt zweimal um das Lagerfeuer und singt: „Heute back ich, morgen brau ich, übermorgen hole ich der Königin ihr Kind. Ach, wie gut, dass niemand weiß, dass ich (Name des entsprechenden Kindes) heiß."
3. An der dritten Station wird die Zahl 3 ausgemalt. Die Kinder versuchen, drei Haselnüsse in einen Behälter zu werfen. Die Jüngeren versuchen, die Nüsse in den Eimer zu werfen, die Älteren zielen in einen Trinkbecher.

Zählend durch das Märchenland (2) (ab 3 Jahren)

4. An der vierten Station wird die Zahl 4 ausgemalt. Es werden blind vier Naturmaterialien ertastet und erraten. Möchte ein Kind sich nicht die Augen verbinden lassen, so kann es die Augen auch schließen. Alternativ werden in den Deckel des Schuhkartons zwei Löcher geschnitten, durch die die Kinder ihre Hände stecken.
5. An der fünften Station wird die Zahl 5 ausgemalt. Aus fünf Bauklötzen wird ein Schlossturm gebaut.
6. An der sechsten Station wird die Zahl 6 ausgemalt. Jedes Kind versucht, mit beiden Händen sechs Steine aus dem Linsenbad zu fischen.
7. An der siebten Station wird die Zahl 7 ausgemalt. Jedes Kind denkt sich lustige Namen für die sieben Zwerge aus. Ein Erwachsener kann die ausgedachten Namen aufschreiben.
8. An der achten Station wird die Zahl 8 ausgemalt. Jedes Kind galoppiert mit dem Steckenpferd die mit Seilen ausgelegte Zahl 8 entlang. Es ist wichtig, darauf zu achten, dass das Kind den Knotenpunkt in der Mitte der 8 überkreuzt und nicht zwei kleine Kreise reitet.
9. An der neunten Station wird die Zahl 9 ausgemalt. Jedes Kind darf neun Trauben oder Gummibärchen essen.

Haben alle Kinder die Stationen durchlaufen, ist das Spiel vorbei. Die Kinder können aber die eine oder andere Station noch einmal machen. Bei diesem Spiel geht es nicht darum, einen Gewinner oder einen Besten zu ermitteln, sondern darum, sich spielerisch mit den Zahlen auseinanderzusetzen.

Kopiervorlage „Stationspass“

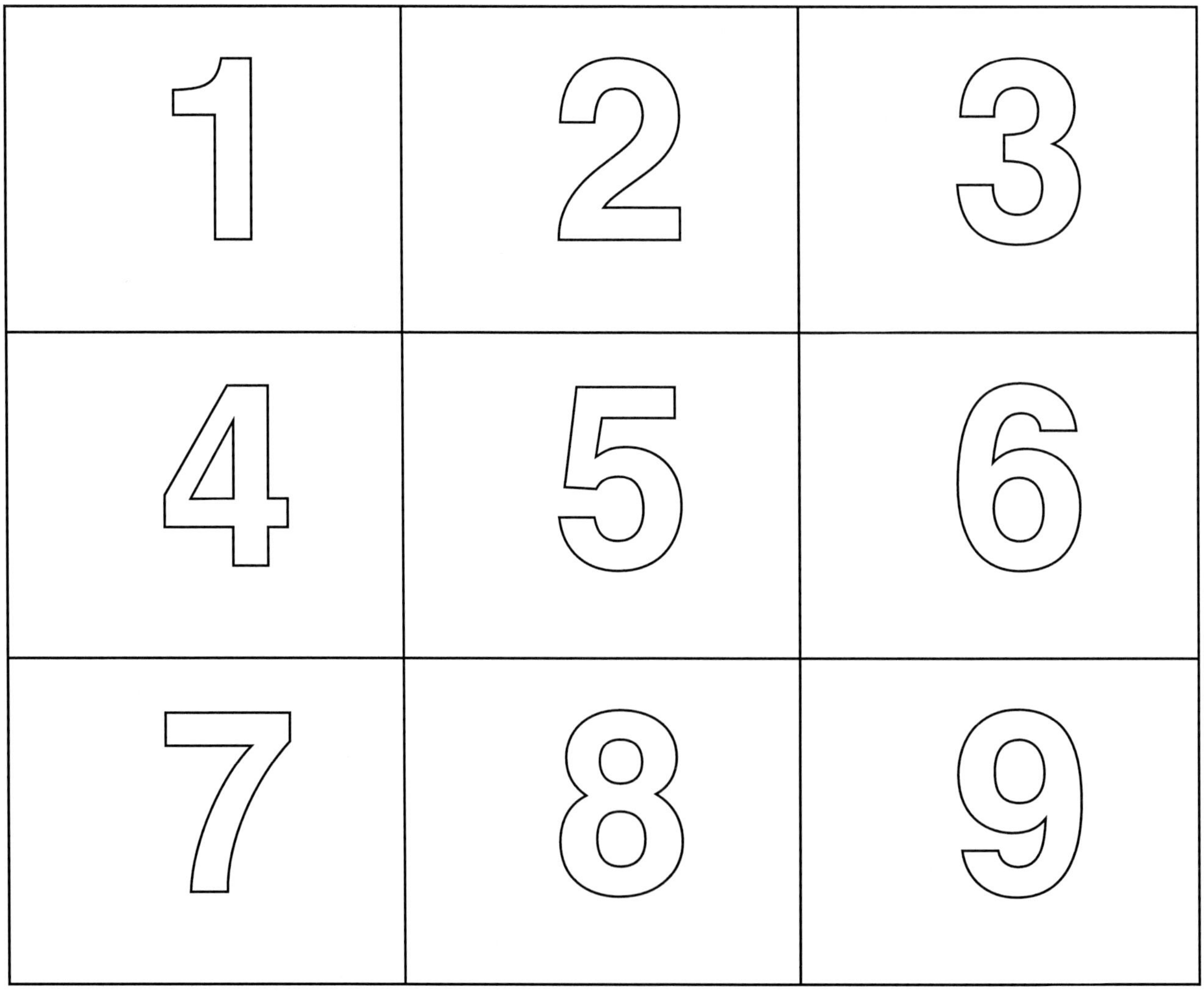

1	2	3
4	5	6
7	8	9

Linsen zählen (ab 4 Jahren)

Die Tauben haben Linsen gesammelt. In jeder Schüssel sind unterschiedlich viele. Verbinde die Zahl mit der richtigen Schüssel.

1

2

3

4

5

6

7

8

9

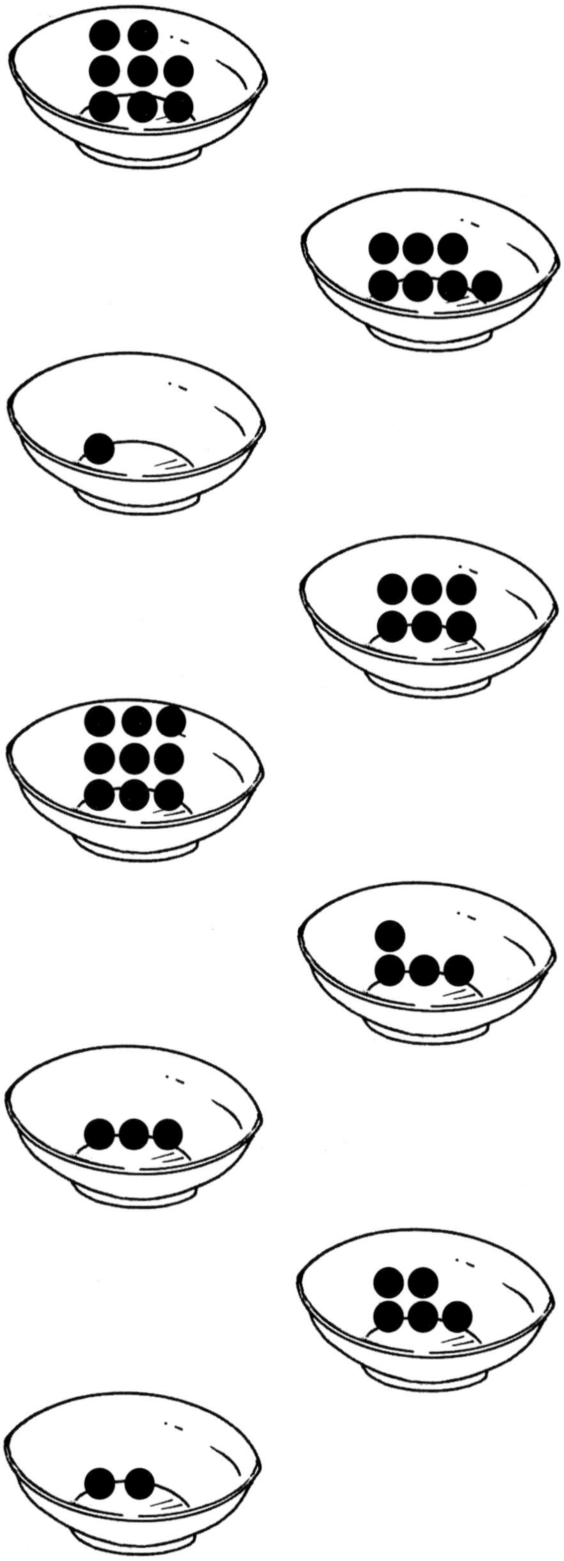

Ein Märchenfest veranstalten (1) (ab 2 Jahren)

Raumdekoration:

Schloss

Bettlaken oder Tapeten werden mit grauer Farbe angemalt oder eingefärbt. Mit schwarzem Marker oder dickem Filzstift malt man ein Muster auf, welches Mauersteine entstehen lässt, wie bei dem Angebot „Bau einer Themenwand“. Die Laken oder Tapetenbahnen werden an die Wände gehängt, sodass der Raum wie ein Schloss oder eine Burg wirkt.
Auf den Tisch können weiße Tischdecken gelegt werden und als Tischsets werden goldene Tortenspitzen verwendet. Wenn möglich, serviert man das Essen auf goldenen Tellern und die Getränke in goldenen Kelchen. Alternativ kann man auch weiße Teller nehmen (beides z. B. aus dem Party-Bedarf). Die Stühle werden mit Glitzer- oder Samtstoffen behängt.
Jeder Gast bekommt eine Krone auf den Kopf (s. S. 6) und wird königlich bedient.

Wald

Auf Tapeten werden große, grüne Tannenbäume aufgemalt und ausgeschnitten. Die Bäume können nun an die Wände oder an Möbel geklebt werden. Der Boden kann mit Kunstrasen oder grünen Teppichen ausgelegt werden.
Anstelle von Tischen und Stühlen essen die Kinder auf Baumstämmen. Dafür werden lange Papprollen aus einem Teppichgeschäft benötigt. Diese werden hellbraun angemalt. Mit dunkelbrauner Farbe malt man die Baummuster auf die Rolle. Es ist ratsam, die Rollen innen zu beschweren, da die Kinder sonst ständig die Balance halten müssen. Das ist während des Essens nicht sehr angenehm. Hat man keine Papprollen zur Verfügung, kann man auch Pappkartons nutzen und sie als Baumstümpfe ausgeben.

Spiele für das Märchenfest:

Hereingekrabbelt in das Märchenland

Material:

Stühle, Tische, Schränke, Decken, Laken und was sich zum Bau eines Tunnels eignet, Krepppapierstreifen

Vorbereitung:

Bauen Sie mit dem Material einen Tunnel, der zu dem Party-Raum führt. Für die Erwachsenen sollte es eine weitere Möglichkeit geben, den Raum zu betreten. Man kann den Tunnel je nach Möglichkeit so bauen, dass die Gäste hindurchkrabbeln oder -gehen können. Je nach Höhe des Tunnels kann man Lichterketten an der Tunneldecke anbringen. Dadurch erhält der Tunnel eine „magische“ Wirkung.
Am Ende des Tunnels, bevor man den Raum betritt, kann ein Papierschleier hängen. Dafür werden blaue Müllsäcke in lange Streifen geschnitten und diese am einen Ende oben am Türrahmen festgeklebt. Es sollten so viele Streifen vorhanden sein, sodass man den dahinterliegenden Party-Raum nicht sehen kann.

Ein Märchenfest veranstalten (2) (ab 2 Jahren)

Wo ist Aschenputtels Schuh? (Schatzsuche)

Material:
1 Paar Schuhe von einer Puppe, die dazugehörige Puppe, goldene Sprühfarbe/ goldener Lack, 1 Pinsel, evtl. goldenes Papier, weißes Papier, Brief des Prinzen (s. S. 46), evtl. kleine Präsente für die Kinder, 1 Schere, Klebstoff, 1 Briefkuvert, Bastelpapier, Kreide, Haselnüsse, Stofffetzen

Vorbereitung:
Die Puppenschuhe mit der goldenen Farbe besprühen. Alternativ können Sie die Schuhe mit goldenem Papier bekleben. Den Brief des Prinzen kopieren, gestalten und in einem Kuvert bereitlegen. Einen Weg überlegen, den die Kinder gehen können, nach Möglichkeit in der Natur und nicht an befahrenen Straßen. Um die Kinder auf den richtigen Weg zu bringen, brauchen sie Hinweise, dass Aschenputtel dort gewesen ist. Dafür malen Sie mit der Kreide hin und wieder die Umrisse des Schuhs auf den Boden. Benutzen Sie am besten den Schuh als Schablone, dann sieht es originalgetreu aus. Auf matschigen, sumpfigen Wegen drücken Sie den Schuh einfach in den Matsch. Gibt es gar keine Möglichkeit, einen Abdruck zu hinterlassen, kann man auch Haselnüsse oder Stofffetzen auslegen, welche Aschenputtel verloren haben könnte.
Wählen Sie ein Ziel aus, zum Beispiel den Garten des Kindergartens, und verstecken Sie dort einen Schuh mit der Puppe. Wenn die Kinder kleine Präsente erhalten sollen, können diese auch dort versteckt werden.

Arbeitsanleitung:
1. Die Kinder bekommen einen Brief vom Prinzen, der sie um Hilfe bittet, Aschenputtel wiederzufinden.
2. Dann erhalten sie den einen goldenen Schuh, mit dem sie die Schuhabdrücke vergleichen können.
3. Nachdem allen die Aufgabe klar ist, werden die Kinder auf den Weg geschickt. Am besten begleiten Erwachsene die Kindergruppe, damit Sicherheit und Hilfe gegeben sind.
4. Je nachdem, um welches Alter es sich bei den Kindern handelt, kann man im Vorfeld Aufgaben mit einbinden, damit die Spannung und die Motivation aufrechterhalten bleiben.
   Dafür hinterlegt man an jedem Hinweis einen Zettel mit einer Aufgabe.
   Aufgaben könnten sein:
   - Findet hier fünf Haselnüsse (vorher dort verstecken).
   - Malt Aschenputtel auf ein Blatt Papier (entsprechendes Material vorher dort bereitlegen).
   - Trennt Linsen und Erbsen voneinander. (Box mit gemischten Linsen und Erbsen und zwei leere Boxen bereitstellen. Aber Achtung: Bitte nehmen Sie nur 20 oder 30 Linsen und Erbsen, sonst verbringen die Kinder zu viel Zeit mit dem Sortieren.)
   - Wagt ein Tänzchen zu zweit.
5. Auf diese Weise gehen die Kinder auf die Suche nach dem anderen goldenen Schuh. Haben sie den Schuh gefunden, ist das Spiel vorbei.

Ein Märchenfest veranstalten (3) (ab 2 Jahren)

Brief des Prinzen:

Liebe Kinder,

ich habe gestern Abend mit einer wunderschönen Frau getanzt, doch irgendwann verschwand sie von der Feier. Ich versuchte, sie einzuholen, aber sie war zu schnell fort. Sie hatte es sehr eilig, deshalb hat sie einen Schuh verloren. Ich möchte sie unbedingt wiedersehen, doch weiß ich nicht, wie ich sie finden soll. Bitte helft mir, sie wiederzufinden. Ich gebe euch den Schuh und hoffe sehr, dass ihr mir helfen könnt.

Ich bin euch zu tiefstem Dank verpflichtet.

Euer Königssohn

Einladung

zum Märchenfest

Wann: ______________________

Wo: ______________________

Bitte gib mir Bescheid, ob du kommst.

3-D-Memo-Spiel (ab 3 Jahren, für 2–4 Spieler)

Material:
20 leere, saubere Joghurtbecher (oder ähnliche, undurchsichtige Behälter – je nach Becherart evtl. mit Tonpapier umkleben, damit sie gleich aussehen), 1 Pappkarton, in dem die Joghurtbecher im Supermarkt stehen, runde Bierdeckel, Fingerfarbe, Pinsel, Schalen, Gegenstände zum Thema „Märchen" (2 x 10 Teile, z. B. 2 Haselnüsse, 2 Rosenköpfe, 2 Brotkrumen, 2 kleine Königskronen ...)

Vorbereitung:
Die Joghurtbecher, Bierdeckel und der Pappkarton werden angemalt. Sind sie getrocknet, werden die Becher in die Vertiefungen des Pappkartons gesteckt. Die Materialien werden nun einzeln in die Becher gelegt und diese mit den Bierdeckeln verschlossen. Da dies ein Memo-Spiel ist, müssen immer zwei Becherinhalte gleich sein.

Spielregeln:
Der erste Spieler beginnt, indem er zwei Bierdeckel von den Bechern abhebt und sich den Inhalt in den Bechern ansieht. Sind die Materialien in den Bechern gleich, hat der Spieler ein Pärchen gefunden und darf noch einmal suchen. Den Becherinhalt darf der Spieler herausnehmen und neben sich legen.
Sind die Materialien unterschiedlich, muss der Spieler die Deckel wieder auf die Becher legen und der nächste Spieler ist an der Reihe.
Je nach Alter und Fähigkeiten der Kinder können die geleerten Becher vom Pappkarton entfernt werden. Bei älteren Kindern werden die Bierdeckel einfach wieder auf die leeren Becher gelegt. Dann kann es durchaus passieren, dass man mal einen leeren Becher öffnet.
Gewonnen hat der Spieler mit den meisten Pärchen.

Hinweis:
Schwieriger wird es, wenn Sie die Anzahl der Becher erhöhen.
Da das Memo-Spiel mit allen möglichen Gegenständen gefüllt werden kann, eignet es sich auch für andere Themen / Bildungsbereiche oder für eigene Ideen der Kinder. Möchten Sie den mathematischen Bildungsbereich miteinbeziehen, können Sie in einen Becher eine Zahlkarte und in einen anderen Becher die entsprechende Anzahl Materialien legen (eine Karte mit der Zahl Drei und drei Haselnüsse). Diese Variante erfordert neben der Merkfähigkeit auch die Mengenerfassung und das Zahlenverständnis.

Der Spiegel der Königin (ab 5 Jahren)

Hoppla, hier fehlt wohl im Spiegel der Königin die Hälfte des Spiegelbildes.

Zeichne die andere Hälfte dazu.

Male die Bilder an.

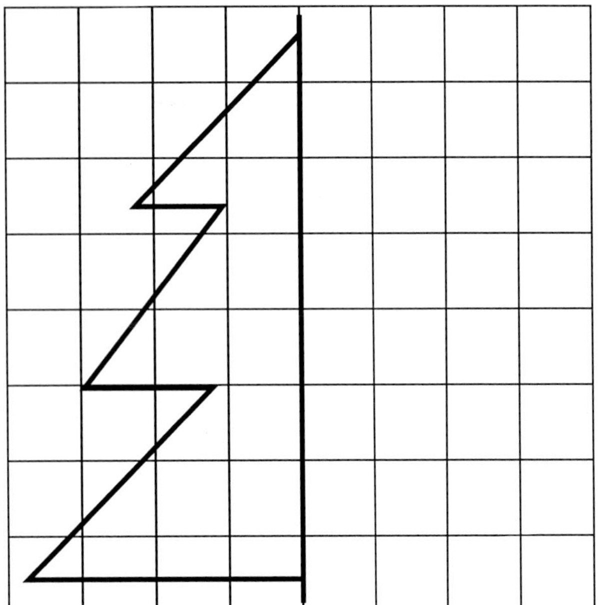

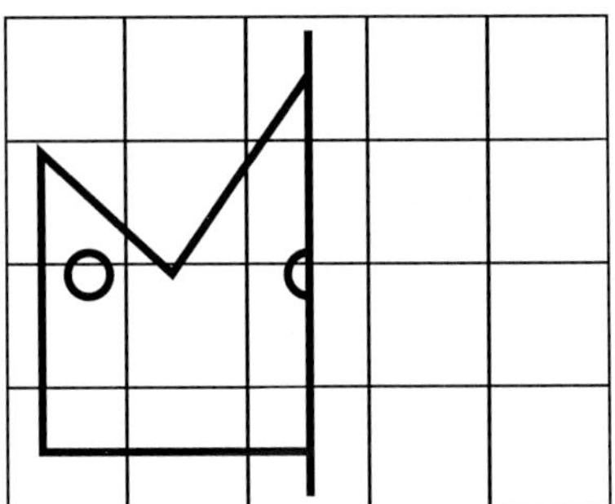

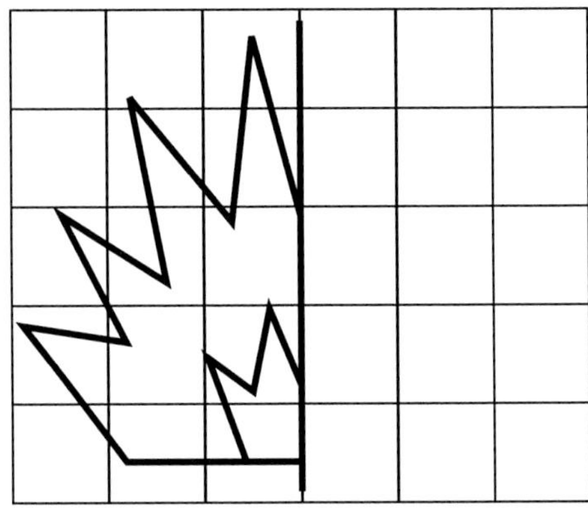

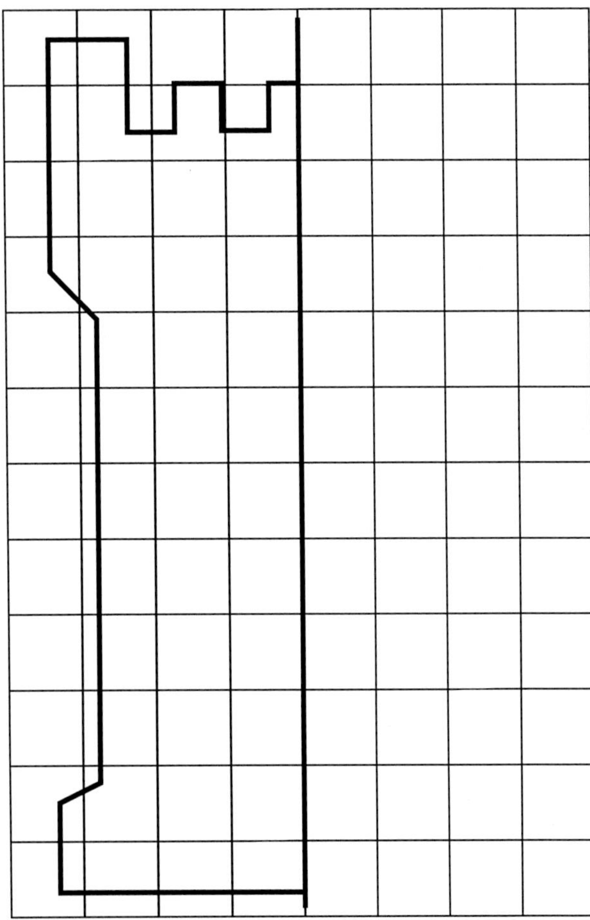

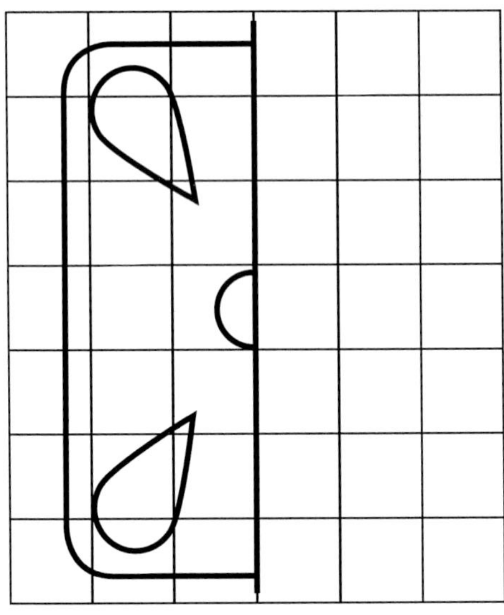

BVK • Cornelia Emde: Kita aktiv „Projektmappe Märchen“

Erbsenfühlbad (ab 2 Jahren)

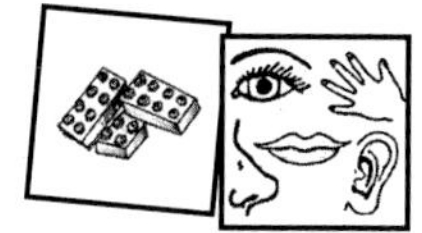

Material:
getrocknete Erbsen, 1 Wanne, Becher, Förmchen, kleine Eimerchen

Arbeitsanleitung:
Zuerst füllen die Kinder die Erbsen in die Wanne. Dann können sie sich nach Herzenslust mit den Erbsen auseinandersetzen. Sie können darin wühlen oder baden, ob mit Anziehsachen oder nur halb bekleidet. Sie können die Erbsen von einem Becher in den anderen füllen und dabei neben ihrer Wahrnehmung auch ihre Auge-Hand-Koordination schulen.

Hinweis:
Dabei ist es unbedingt notwendig, dass Sie die Kindern nicht aus den Augen lassen. Gerade Erbsen verleiten die Kinder dazu, sie sich in Körperöffnungen zu stecken, was gefährlich werden kann. Außerdem können sie eingeatmet werden.

Fühlkiste (ab 3 Jahren)

Material:
1 Pappkarton, 1 Cutter, 1 Tuch / Stoffreste, Kleber, Naturmaterialien, evtl. 1 Taschenlampe

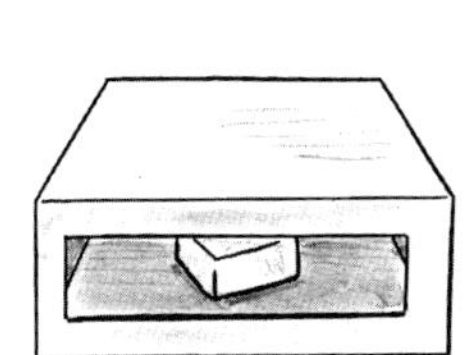

Vorbereitung:
Mit dem Cutter erst zwei Löcher in den Pappkarton schneiden, damit zwei Arme hineinpassen. Dann auf der gegenüberliegenden Seite eine Öffnung herausschneiden. Eventuell eine Taschenlampe bereitlegen.
Mit dem Tuch oder einem Stoffrest von der Innenseite des Kartons die Löcher für die Arme so abdecken, dass man nicht mehr hineinsehen kann. Die Naturmaterialien in den Karton legen und den Karton verschließen.

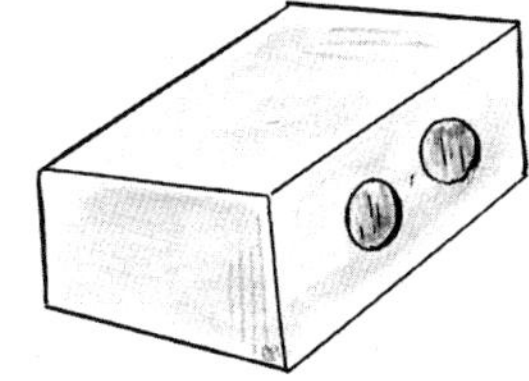

Arbeitsanleitung:
Bitten Sie ein Kind, die Arme durch die Löcher in die Kiste zu stecken und sich einen Gegenstand zu greifen. Achtung: Nicht jedes Kind traut sich, etwas anzufassen, was es nicht sehen kann. Das Kind kann sich alle Gegenstände und auch die Kiste von innen ansehen. Je nach Bedürfnis des Kindes sollten die Naturmaterialien offen befühlt werden, bevor das Kind sie blind ertastet.
Erfühlt das Kind nun den Gegenstand in der Kiste, so sagt es, um was es sich handelt. Die Erzieherin sitzt dem Kind gegenüber und kann die Richtigkeit überprüfen. Sie kann auch einen Tipp geben. Natürlich kann die Fühlkiste auch mit anderen Materialien zum Thema „Märchen" gefüllt werden.

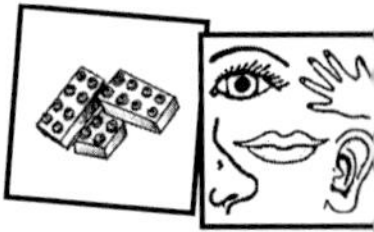

Durch den Wald (ab 2 Jahren, Schneewittchen)

Material:
Moos, Blätter von Bäumen, Sand, glatte Äste (entfernen Sie bitte sämtliche Spitzen oder scharfe Auswüchse), Baumrinde, Kastanien, Haselnüsse, Rindenmulch und weitere Materialien, die sich für einen Tastweg eignen

Vorbereitung:
Die Materialien hintereinander auf den Boden legen, sodass ein Weg entsteht.

Arbeitsanleitung:
Die Kinder finden sich in einem Kreis zusammen. Besprechen Sie mit ihnen, dass Schneewittchen durch einen Wald laufen musste, um zum Zwergenhäuschen zu gelangen.
Ein Wald hat verschiedene Bodenbeläge, die nun genauer erfühlt werden können.
Wenn man den Waldspaziergang mit den Kindern schon gemacht hat, kann man sie an dieses Erlebnis erinnern.
Die Kinder können nun ihre Schuhe und Socken ausziehen und mit den Füßen den Tastweg abgehen. Sie sollen selbst entscheiden, ob sie den Weg barfuß, auf Socken oder mit Schuhen gehen möchten, denn manche Kinder empfinden es als unangenehm, barfuß zu gehen. Natürlich dürfen sie auch alle drei Varianten ausprobieren. Erinnern Sie die Kinder an das Innehalten, damit sie die Spür-Erfahrungen auf sich einwirken lassen können. Sollte allerdings ein Bodenbelag zu unangenehm für das Kind sein, darf es natürlich schnell weitergehen.
Man kann mit den Kindern auf diese Weise erarbeiten, wie sich welches Material anfühlt, welche Beschaffenheit es hat und evtl. auch, welche Gefühle das Material in jedem erzeugt. Die Kinder werden sehen, wie unterschiedlich oder gleich sie untereinander empfinden.

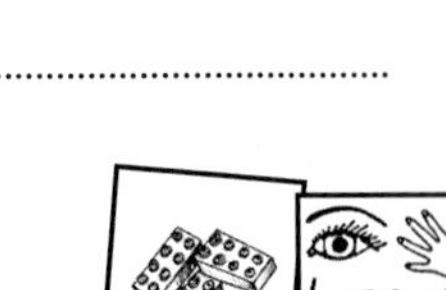

Die guten ins Töpfchen, die schlechten ins Kröpfchen

(ab 2 Jahren, Aschenputtel)

Material:
rote und blaue Murmeln für die kleineren, Erbsen und Mais für die größeren Kinder, 6 Schüsseln

Arbeitsanleitung:
Die roten und die blauen Murmeln werden gemischt in eine Schüssel gegeben und die Erbsen mit dem Mais zusammengemischt in eine andere Schüssel. Nun sortieren die jüngeren Kinder die Murmeln. Die blauen kommen in eine Schale und die roten in eine andere Schale. Die größeren Kinder trennen Erbsen und Mais voneinander und geben sie ebenfalls in zwei verschiedene Schalen.

Hinweis:
Lassen Sie die Kinder bitte nicht unbeaufsichtigt die Dinge sortieren. Möchten Sie den Kindern das Material dennoch für selbstständige Aktionen geben, so sind größere Gegenstände, die nicht verschluckt oder eingeführt werden können, ratsam.

Fantasiereise ins Märchenland (1) (ab 4 Jahren)

Material:
Geschichte „Komm mit auf die Reise ins Märchenland“ (siehe unten), Isomatten o. Ä., Decken, Kopfkissen, schwach leuchtende Lampen (evtl. Sprudelsäule, Lavalampe), 1 CD-Player, Entspannungsmusik, Stifte, Malpapier und 1 Malunterlage für jedes Kind

Vorbereitung:
Wählen Sie einen ruhigen Raum und entfernen oder bedecken Sie alle störenden Reize (tickende Uhr, grelle Bilder usw.). Die Isomatten im Raum auslegen und Kissen und Decken darauf verteilen. Den CD-Player anschließen und passende Musik auswählen. Die Lampen einschalten, aber nach Möglichkeit kein flackerndes oder helles Licht. Wenn Sie eine Sprudelsäule oder Lampen haben, die ihre Farben langsam fließend wechseln, sind diese hervorragend für das Angebot geeignet.

Arbeitsanleitung:
Bitten Sie die Kinder, sich einen Platz auf einer der Isomatten zu suchen und es sich dort so bequem wie möglich zu machen. Mit den Decken dürfen sie sich zudecken, wenn sie wollen.
Bereiten Sie die Kinder auf das Kommende vor, indem Sie erklären, dass die Erzieherin nun eine Geschichte vorliest und gleichzeitig leise die Musik läuft. Die Kinder dürfen währenddessen der Geschichte lauschen und die Augen schließen. Dabei können sie ihren Körper ganz entspannt liegen lassen.
Liegen oder sitzen alle Kinder, kann die Erzieherin beginnen, die Geschichte vorzulesen. Dabei ist es sehr wichtig, langsam und leise vorzulesen. Am besten macht man nach jedem zweiten Satz eine kleine Pause von ein paar Sekunden. Dann können die Kinder die Sätze leichter aufnehmen und haben Zeit, sich das Gelesene vorzustellen. Bitte erwarten Sie nicht, dass jedes Kind zuhört. Viele nutzen die Zeit, um sich auszuruhen und sich einfach nur der Entspannung hinzugeben. Hierbei steht nicht die Geschichte im Vordergrund, sondern die Entspannung im Kind. Man kann hinterher fragen, was die Kinder so gehört und gespürt haben, oder ihnen Papier und Stifte geben und sie bitten, einfach etwas zu malen, was ihnen in dem Moment in den Sinn kommt. Erfahrungsgemäß malen die Kinder etwas aus der Geschichte oder etwas Symbolisches, das im Zusammenhang zur Geschichte steht. Das Malen danach hat den positiven Effekt, dass die Kinder langsam von der Ruhephase wieder in die aktivere Phase zurückkehren können. Es ist sehr zu empfehlen, die Kinder nicht unmittelbar nach der Geschichte in die Gruppe zu entlassen. Es kommt einem Schock gleich, von einer ruhigen Atmosphäre in eine laute Gruppe zu treten. Der Geräuschpegel wird als wesentlich lauter empfunden als vorher und damit ist die gesamte entspannte Haltung im Kind wieder verflogen.

Geschichte: Komm mit auf die Reise ins Märchenland

Ihr schließt nun eure Augen und hört der Musik einen Moment zu …
und nun beginnt die Reise ins Märchenland.

Stell dir vor, du liegst gerade auf einer Wiese … Um dich herum wachsen viele verschiedene Blumen … Es gibt Gänseblümchen mit gelb-weißen Köpfchen, Pusteblumen und Rosen … Die Rosen kannst du sogar riechen … Du hörst auch einige Vögel … Sie zwitschern ein Liedchen … Das Summen der Bienen macht dich ganz fröhlich … Die Sonne scheint warm vom Himmel herab … Sie sendet ihre warmen Strahlen auf deinen Körper hinab … Du spürst die Wärme in deinen Armen und in deinen Händen … Zum Bauch kommt die Wärme auch und wandert weiter hinunter bis zu deinen Beinen …
Während du so daliegst und allem zuhörst und schon fast eingeschlafen bist, hörst du ein Rauschen … Es ist zuerst ganz leise, aber es kommt immer näher … Das Rauschen wird langsam lauter und dann ist es ganz nah bei dir … Du blickst auf und siehst einen schönen großen bunten Teppich … Weich sieht er aus und ist sicher sehr bequem … Der Teppich fliegt zu dir und kurz vor dir bleibt er knapp über dem Boden schwebend stehen … Verwundert schaust du auf den Teppich … Einen fliegenden Teppich hast du noch nicht gesehen … Der Teppich wartet, er bewegt sich ganz sachte neben dir … Du stehst langsam auf und stellst dich hin … Mit den Fingerspitzen berührst du den Teppich … Er fühlt sich weich an und der Stoff

Fantasiereise ins Märchenland (2) (ab 4 Jahren)

ist auch sehr warm … Ganz vorsichtig setzt du dich an den Rand des schwebenden Teppichs … Oh ja, weich ist er, sehr weich sogar … Langsam streichst du mit den Händen über den Stoff … Du rutschst weiter auf den Teppich hinauf, bis du ganz darauf bist … Deine Beine ziehst du auch auf den Teppich … Du legst dich hin und streckst deine Arme und Beine auf dem Stoff aus … Er ist ganz warm … Die Wärme fließt durch deinen Körper … Du spürst es ganz genau …

Plötzlich setzt sich der Teppich ganz sachte in Bewegung, er schwebt höher und immer höher … Du schaust nach unten und siehst die Blumenwiese kleiner werden … Wenn du nach oben schaust, dann siehst du die Wolken näherkommen … Angst hast du aber keine, denn der Teppich bewegt sich sehr langsam … Du kannst gar nicht herunterfallen … Du liegst sehr bequem auf dem fliegenden Teppich und schaust den näherkommenden Wolken zu … Die Luft ist immer noch warm und du fühlst dich richtig gut …

Jetzt seid ihr ganz nah an der ersten Wolke … Du streckst deine Hand aus und kannst sie fühlen …

Die Wolke fühlt sich weich an … Dann wird alles weiß um dich herum … Ihr fliegt geradewegs durch die weiche Wolke hindurch … Dann merkst du, dass die Sicht wieder klarer wird, und ihr schwebt aus der weichen Wolke wieder heraus …

Du spürst, wie der Teppich langsam wieder zur Erde zurückschwebt … Doch als du nach unten schaust, siehst du nicht mehr die Blumenwiese, sondern einen großen Wald … Einen hellen Wald mit vielen Lichtungen und kleinen Häuschen … Da siehst du auch einen kleinen Bach … Gespannt schaust du hinunter auf den Wald … Der Teppich schwebt weiter hinab, bis er auf einer kleinen Lichtung ankommt …

Auf einmal siehst du ein paar Rehe auf einer Wiese … Ganz friedlich stehen sie dort und fressen in Ruhe vom Gras … Ein kleines Rehkitz springt vergnügt um die Großen herum … Der Teppich bleibt kurz schwebend stehen … Du schaust den Rehen eine Weile zu …

Dann siehst du plötzlich, wie sich etwas zwischen den Büschen bewegt … Du hörst das Unterholz knacken und rascheln … Plötzlich ertönt ein helles Kinderstimmchen … Das Stimmchen summt ein Lied … Es hört sich ausgelassen und fröhlich an … Du bist ganz gespannt, wer das sein könnte … Ein Kind im Wald? Dann auf einmal siehst du etwas Rotes … Dieses rote Ding kommt durch die Büsche auf die Lichtung geklettert … Und wer ist es? … Oh, es ist ein Mädchen mit einer roten Kappe und einem roten Kleidchen … Es trägt einen Korb mit etwas darin … Das Mädchen schaut dich an, dann hebt es die Hand und winkt dir fröhlich zu … Du winkst zurück … So ein freundliches Mädchen! … Das Mädchen wünscht dir einen schönen Tag, aber es warnt dich auch vor dem großen Wolf … Oh, der Wolf? … Na, da musst du aber gut aufpassen … Das Mädchen ruft dir zu, dass es zu seiner Großmutter wolle … Dabei schwenkt es den Korb und winkt dir wieder zu … Ah, das war dann wohl Rotkäppchen … Sie geht zurück in den Wald …

Du schaust ihr nach, doch dann bewegt sich der Teppich unter dir … Du denkst, dass er weiterfliegen will, also streichst du mit der Hand über den Stoff … Schon setzt sich der Teppich in Bewegung … Du steigst ein wenig höher und fliegst geradewegs auf den Wald zu … Du fliegst langsam zwischen den Bäumen hindurch … Das Licht strahlt durch die Zweige und bildet sehr schöne Schatten auf dem Waldboden … Du riechst den Geruch des Waldes … Es duftet nach Tannennadeln, Blättern und Erde … Du spürst die Lichtstrahlen auf deinem Körper und nimmst den Wald in dich auf … Eine tiefe Ruhe breitet sich in dir aus und die Stille wird nur durch das Vogelzwitschern durchbrochen … Du fliegst langsam weiter durch den Wald … Es ist sehr schön hier …

Dann hörst du den Bach fließen und wieder Kinderstimmen … Diesmal sind es sogar zwei … Du erreichst den Bach und da siehst du die beiden Kinder … ein Junge und ein Mädchen … Sie wandern ganz vergnügt den Bach entlang … Über ihren Schultern liegen zwei große schwere Säcke … Na, wenn das nicht Hänsel und Gretel sind … In den Säcken sind bestimmt die Edelsteine und der Schmuck von der Hexe …

Ein Glück, dass die beiden die Hexe überwältigt haben und es ihnen gut geht … Hänsel und Gretel singen ganz ausgelassen und scheinen sich auf die Rückkehr zum Haus ihres Vaters zu freuen …

So fröhliche Kinder, die beiden …

Der Teppich schwebt langsam weiter durch den Wald … Und während du so dahinschwebst und den Wald genießt, kommt ein Stück neben dir ein Pferd angeritten … Darauf sitzt ein hübscher, junger Mann mit einem Schwert an der Seite … Bei dir

BVK • Cornelia Emde: Kita aktiv „Projektmappe Märchen“

Fantasiereise ins Märchenland (3) (ab 4 Jahren)

angekommen, bleibt er stehen und grüßt ganz freundlich ... Er fragt, ob du ein Schloss gesehen hast ... Aber leider hast du keines gesehen ... Du bietest an, ihm bei der Suche zu helfen ... Dankbar lächelt er dich an ... Auf dem Weg zum Schloss erzählt er, dass er ein Prinz sei und er ein Mädchen retten wolle ... Dieses Mädchen, genannt Dornröschen, schläft wohl schon hundert Jahre in einem verwunschenen Schloss ... Um das Schloss herum wächst eine riesige Dornenhecke, sodass keiner hineinkommt ... Aber der schöne Prinz möchte es unbedingt versuchen ... Jedoch ist der Weg weit, daher verabschiedest du dich doch besser wieder ... Du hast leider nicht viel Zeit ... Du wünscht dem Prinzen viel Glück und er winkt dir zum Abschied ... Dann reitet er davon und du fliegst weiter ...

Nun wird der Wald ein bisschen dunkler, bis du zu einer weiteren Lichtung kommst ... Dort siehst du Rauch aufsteigen ... Nanu, was ist das denn? ... Da brennt ein Lagerfeuer ... Und ein Männlein tanzt um das Feuer herum ... Es singt ... Ah ja, das wird Rumpelstilzchen sein ... Ach, wie gut, dass er nicht sieht, dass hinter ihm versteckt ein Bote des Königs sitzt und ihm zuhört ... Na, das verrätst du Rumpelstilzchen aber auch nicht ... Leise kichernd fliegst du weiter ...

So langsam kommst du zu den Bergen ... Der Wald wird wieder heller und das Licht strahlt schön durch die Bäume ... Du begegnest einem Mädchen ...

Es sitzt am Wegesrand unter einem Haselnussstrauch ... Darin sitzt ein weißer Vogel ... Das Mädchen schaut auf und lächelt dich an ...

Du grüßt zurück und da sagt es, es heiße Aschenputtel ... Es spricht gerade mit dem weißen Vogel ... Du rätst Aschenputtel, sich ganz fest etwas von dem Vogel zu wünschen ... Dann geschehe etwas ganz Schönes ... Das Mädchen tut es ... Es schließt die Augen und wünscht sich etwas ... Da wirft der Vogel ein wunderschönes Kleid hinunter ... Aschenputtel freut sich sehr ... Sie dankt dir von ganzem Herzen ... Du fliegst vergnügt weiter ...

Nach einer Weile kommst du zu einem Häuschen ... Es steht ganz versteckt hinter zwei riesigen Büschen ... Du wärst um ein Haar daran vorbeigeflogen, wenn du nicht zufällig eine junge Frau gehört hättest ... Vorsichtig schaust du durch die Büsche hindurch und da ist sie ... Da steht eine Frau mit schwarzem Haar, weißer Haut und roten Wangen ... Sie hängt gerade Wäsche auf ...

Sieben Mützen kannst du sehen und sieben Hosen ... Na, das ist doch ganz klar Schneewittchen ...

Sie ist wirklich eine sehr schöne Frau ... Aber du möchtest sie nicht stören ... Darum fliegst du weiter ...

Dabei merkst du, dass es langsam dunkel wird ... Du bittest den Teppich, dich jetzt nach Hause zu bringen ... Der Teppich gehorcht dir, er steigt langsam in die Höhe ... Du wirfst einen letzten Blick auf den wunderschönen Märchenwald ... Es war wirklich sehr schön dort und die Menschen waren alle so freundlich ... Du fliegst wieder in die weiche Wolke hinein ... Um dich herum wird alles wieder weiß ... Und dann wird es wieder klarer und der Teppich schwebt wieder zur Erde hinab ...

Du kannst schon die Blumenwiese erkennen, von der aus du gestartet bist ... Der Teppich sinkt weiter herab und dann bist du auch schon da ... Du rutschst vom weichen, warmen Teppich herunter und streichelst ihn noch ein letztes Mal ... Du bedankst dich und dann fliegt der Teppich auch wieder davon ...

Du setzt dich zwischen die Blümchen ... Ja, die Reise war sehr schön, doch nun kehrst du langsam zurück in den Kindergarten ... Du spürst, wie du langsam erwachst ... Strecke deine Arme in die Höhe und strecke deine Beine aus.

Der Weg zur Großmutter (ab 4 Jahren, Rotkäppchen)

Zeichne den Weg von der Großmutter zu Rotkäppchen nach.

Märchen-Buch

Auf den Spuren Rotkäppchens (ab 3 Jahren, Rotkäppchen)

Material:
Teppichfliesen oder Stoffquadrate, 1 Langbank, Sprossenwand, 2 Leitern, 1 großer Kasten, Pylonen, leere Küchenrolle, evtl. 1 Frisbee® und 1 Ball, Gymnastikmatten, 1 Weichbodenmatte

Vorbereitung:
Bereiten Sie die Turnhalle vor. Dafür legt man die Teppichfliesen oder Stoffquadrate in einer Reihe hintereinander. Die Bank wird aufgestellt und zwei Matten werden links und rechts als Fallschutz an die Bank gelegt. Die Leitern kann man zum Beispiel in den großen Kasten einhängen. Achten Sie bitte darauf, dass sie gut verankert sind. Den kompletten Kasten und die Leiter mit Gymnastikmatten umlegen. Legen Sie auf dem Kasten eine Küchenrolle als Fernrohr für die Kinder bereit. An der Stelle, an der die Kinder von dem Kasten springen dürfen, eine oder zwei Weichbodenmatten auslegen. Die Pylonen werden so weit voneinander aufgestellt, dass die Kinder gut hindurchgehen können.

Arbeitsanleitung:
Zunächst wird den Kindern erklärt, dass sie, wie Rotkäppchen, den Wald durchqueren müssen, um zu Großmutters Häuschen zu gelangen. Dazu können sie den Fluss überqueren, indem sie auf den Steinen (den Teppichfliesen oder Stoffquadraten) zum anderen Ufer hüpfen. Anschließend dürfen sie über einen dicken, langen Baumstamm (die Bank) balancieren. Danach geht es einen Hügel (die Leiter) hinauf auf dessen Spitze (dem Kasten) sie das Haus der Großmutter mit dem Fernrohr (der Küchenrolle) suchen können. Haben die Kinder das Haus entdeckt, so können sie entweder den Hügel (die Leiter) hinabklettern oder von der Spitze springen (seitlich auf die dicke Matte). Das Fernrohr (Küchenrolle) bleibt auf dem Kasten liegen. Von da aus können die Kinder zum Haus der Großmutter durch den Wald (Pylonen) laufen. Um den Parcours für die Älteren spannender zu machen, kann man ihnen einen Gegenstand (z. B. ein Frisbee® mit einem Ball darauf) in die Hand geben und sie damit den Parcours durchlaufen lassen. Der Ball stellt den Kuchen und das Frisbee® den Korb dar. Die Kinder sollten den „Kuchen“ allerdings nicht fallenlassen.
Selbstverständlich können Sie die Turnstunde abwandeln oder das Material anpassen.

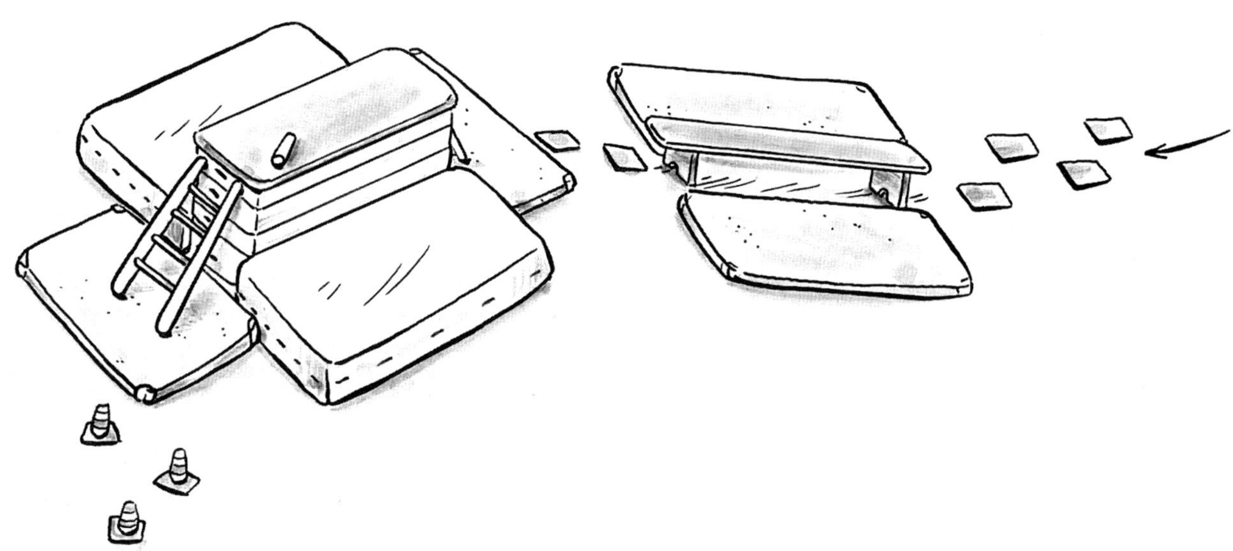

Ab durch die Dornenhecke (ab 3 Jahren, Dornröschen)

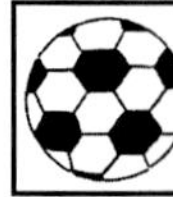

Material:
Gymnastikmatten, Medizinbälle, Seile, 1 großer Kasten oder 1 Sprossenwand, 1 kleiner Kasten, 1 Barren, weitere Materialien, die sich zum Durch- oder Darüberklettern eignen, mehrere Puppen, 1 – 2 Weichbodenmatten

Vorbereitung:
In der Turnhalle werden ein paar Matten nebeneinander auf den Boden gelegt. Anschließend legt man 4 – 6 Medizinbälle auf die Matten. Die Medizinbälle und Matten können ruhig unordentlich ausgelegt werden, sodass sich die Matten überlappen. Wichtig ist, dass sie sich gegenseitig stützen und nicht einbrechen. Dann kommt die nächste Lage Matten auf die Medizinbälle. Nun weitere Medizinbälle auf die Matten legen und anschließend die dritte Lage Matten obenauf legen. Achten Sie bitte darauf, dass die Medizinbälle so positioniert sind, dass die Matten nicht so schnell voneinanderrutschen und die Kinder Platz zum Hindurchkrabbeln haben. Damit die Kinder auch durch die obere Mattenetage krabbeln können, können Sie einen kleinen Kasten vor den Matten-Berg stellen. Dann können die Kinder besser hinaufklettern.

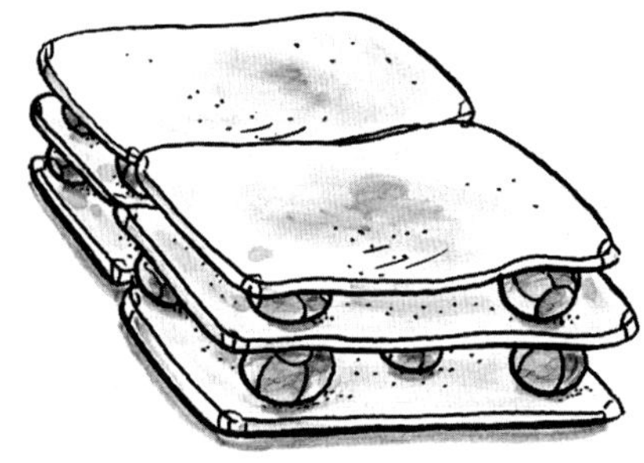

Suchen Sie eine Ecke oder eine Stelle aus, an der Sie zwei sich gegenüberliegende Stangen o. Ä. haben. Nun werden die Seile so miteinander verknotet, dass eine Art Spinnennetz entsteht. Dann werden die losen Seilenden am Barren festgeknotet. Nun hat man ein Wirrwarr aus Seilen, durch das ein Kind hindurchklettern kann.
Als weitere Möglichkeit stellen Sie ein bis zwei große Weichbodenmatten an eine Wand. Die offene Seite mit einem großen Kasten feststellen. Falls Sie eine ausziehbare Sprossenwand zur Verfügung haben, können Sie die Matten auch dazwischenquetschen.
Mit weiterem Material können Sie andere Hindernisse bauen, die zum Klettern, Krabbeln oder Hindurchquetschen geeignet sind.
Die Puppen werden an einer Stelle in der Turnhalle ausgelegt. Sie stellen Dornröschen dar, das die Kinder retten können.

Arbeitsanleitung:
Erklären Sie den Kindern, dass sie sich einen Weg durch die Dornenhecke zu Dornröschen bahnen. Welchen der Wege sie wählen, bleibt ihnen selbst überlassen. Entweder krabbeln die Kinder durch den Matten-Berg oder sie klettern durch die Seile oder sie quetschen sich zwischen den Matten hindurch.
Natürlich dürfen auch alle Wege genutzt werden. Ziel ist es, eine Puppe zu erreichen und Dornröschen zu retten. Je nach Spaß dürfen die Kinder Dornröschen mehrfach retten und die Wege öfter beschreiten.

Alternative:
Für den Matten-Berg können Sie auch kleine Kästen verwenden. Anstelle des Matten-Berges können Sie auch einen Haufen aus Decken und Kisten aufschichten, durch den sich die Kinder wühlen können. Umstellen Sie den Haufen mit Kästen, damit sich die Decken und Kisten nicht in der Turnhalle verteilen.

Hinweis:
Um Streit zu vermeiden, können Sie so viele Puppen auslegen wie Kinder mitmachen. Bedenken Sie bitte, dass manche Übungen viel Muskelkraft erfordern und sie eine Förderung im Bereich der Tiefenwahrnehmung / Kinästhetik sind. Bei Kindern mit Platzangst oder Muskelhypotonie ist Begleitung sehr wichtig. Für sie können andere, individuell angepasste Hindernisse aufgebaut werden.

Tunnelweg zu Rumpelstilzchen (ab 2 Jahren, Rumpelstilzchen)

Material:
4 Gymnastikmatten, 4 kleine Kästen, 1 großes Tuch, Vorrichtungen, um zum Beispiel das Tuch zu befestigen (Haken in der Decke, Sprossenwand etc.), Laterne (batteriebetrieben, sollte unbeaufsichtigt brennen können)

Vorbereitung:
Die Kästen werden im Abstand von 1 m parallel zu einer Wand aufgestellt. Die Matten werden nun mit beiden Enden so zwischen Kästen und Wand gequetscht, dass die Mitte der Matte sich nach oben wölbt. Dadurch entsteht ein Tunnel. Je nach Mattenanzahl kann der Tunnel in der Länge variieren. Es sollten aber mindestens vier Matten verfügbar sein.
Hat man keine Kästen, dürfen auch andere schwere Gegenstände verwendet werden. Die Gegenstände sollten aber sehr schwer sein, damit sie durch den Druck der Matten nicht wegrutschen können. Alternativ können auch Isomatten und somit auch leichtere Gegenstände, wie zum Beispiel eine Bank, verwendet werden.
An den Anfang des Tunnels hängt man das Tuch an einer entsprechenden Vorrichtung vor dem Tunneleingang auf. Das Tuch sollte so hängen, dass die Kinder zwar den Tunneleingang sehen können, aber nicht das Tunnelende. Es ist ratsam, erst eine geeignete Vorrichtung zu finden und davon abhängig den Tunnelanfang aufzubauen. Sollte dort nun keine Wand sein, um die erste Matte zu befestigen, braucht man zwei schwere Gegenstände, um die Matte zu stützen.
Am Tunnelende wird die Laterne platziert, die das Lagerfeuer darstellen soll.

Arbeitsanleitung:
Zunächst holt man die Kinder zu einer Einführung in einen Gesprächskreis. Erinnern Sie die Kinder an das Märchen von Rumpelstilzchen. Über Fragen oder Erzählungen können die Kinder an Rumpelstilzchens Wohnort herangeführt werden. (Zum Beispiel: Wer weiß oder vermutet, wo Rumpelstilzchen wohnt? Kennt irgendjemand in dem Märchen den Weg dorthin? Findet jemand den Weg durch Zufall oder wird der Weg beschrieben?)
Da der Weg nicht beschrieben wird, sondern der Bote den Wohnort Rumpelstilzchens nur durch Zufall gefunden hat, ist anzunehmen, dass der Ort geheim ist. Nun sollen die Kinder schauen, ob sie Rumpelstilzchens Lagerfeuer entdecken. Dazu können die Kinder durch den Tunnel gehen. Haben die Kinder das Lagerfeuer gefunden, so können sie dort einen Rumpelstilzchen-Tanz aufführen und dabei den Rumpelstilzchen-Vers singen („Heute back ich, morgen brau ich, übermorgen hole ich der Königin ihr Kind.").

Hinweise:
Je nach Zielvorstellung kann man bestimmte Förderschwerpunkte miteinbeziehen. Wenn man die Teamfähigkeit unter den Kindern fördern möchte, kann man sie bitten, Hand in Hand langsam durch den Tunnel zu gehen und ängstliche Kinder in die Mitte zu nehmen. Oder man bittet die Kinder, nach dem ersten Tunneldurchgang den Tunnel baulich zu verändern, sodass sie gemeinsam etwas Neues schaffen müssen. Außerdem kann man den Tunnelboden mit verschiedenen Materialien, wie im Angebot „Durch den Wald" (s. S. 50) beschrieben, auslegen und den Bereich der Wahrnehmung als Förderschwerpunkt wählen.

Rumpelstilzchen-Mitmach-Geschichte (ab 2 Jahren, Rumpelstilzchen)

Vorgehensweise:
Die Kinder stehen im Raum verteilt vor der Erzieherin, welche die Geschichte vorliest.
Während die Erzieherin vorliest, führt sie die fettgedruckten Stellen im Text motorisch aus und die Kinder ahmen sie nach. Da die Bewegungen bei bestimmten Wörtern immer dieselben sind, ist es sinnvoll, den Kindern im Vorfeld schon die Bewegungen zu den Wörtern zu sagen.

Wörter und ihre Bewegungen:

Männlein	→	gebückt zwei Schritte auf der Stelle gehen
Müllerstochter	→	durch die Haare streichen
spinnen	→	mit den Händen kreisen
König	→	mit den Händen eine Krone auf dem Kopf formen
Gold	→	Zeigefinger und Daumen aneinanderreiben
weinte	→	mit den Fäusten unter den Augen reiben
heißt du	→	das Gesicht in die Hände legen, wie um zu überlegen
Kind	→	die Arme vor der Brust aneinanderlegen, wie man ein Baby hält
ich gebe dir	→	einen Arm ausstrecken, um jemandem etwas zu geben

Geschichte:
Es war einmal eine **Müllerstochter,** die sollte dem **König** aus Stroh **Gold spinnen.** Leider konnte die **Müllerstochter** kein Stroh zu **Gold spinnen.** Während die **Müllerstochter** vor dem Spinnrad saß und **weinte,** kam ein **Männlein** zu ihr.
Das **Männlein** sprach: „Was gibst du mir, wenn ich dir helfe?"
Die **Müllerstochter** antwortete: **„Ich gebe dir** mein Halsband."
Das Männlein nahm das Halsband, setzte sich vor das Spinnrad und fing an zu **spinnen.** So wie es fertig war, verschwand das **Männlein** wieder. Der **König** freute sich so sehr über das **Gold,** dass er der **Müllerstochter** ein zweites Mal befahl, aus Stroh **Gold** zu **spinnen.** Und wieder saß die Müllerstochter vor dem Spinnrad und **weinte.**
Ein zweites Mal kam das **Männlein** herein und fragte: „Was gibst du mir, wenn ich dir helfe?"
Da antwortete die **Müllerstochter: „Ich gebe dir** meinen Ring."
Das **Männlein** nahm den Ring, setzte sich vor das Spinnrad und fing an zu **spinnen.** So wie es fertig war, verschwand das **Männlein** wieder. Der **König** freute sich so sehr über das Gold, dass er der Müllerstochter ein drittes Mal befahl, aus Stroh **Gold** zu **spinnen,** danach würde er sie heiraten. Und wieder saß die **Müllerstochter** vor dem Spinnrad und **weinte.**
Ein drittes Mal kam das **Männlein** herein und fragte: „Was gibst du mir, wenn ich dir helfe?"
Da antwortete die **Müllerstochter:** „Ich habe nichts mehr."
Das Männlein forderte das erste **Kind** der **Müllerstochter** und sie stimmte zu. Also setzte sich das **Männlein** vor das Spinnrad und fing an zu **spinnen.** So wie es fertig war, verschwand das **Männlein.**
Die **Müllerstochter** heiratete den **König** und sie bekamen ein **Kind.** Nach einem Jahr kam das **Männlein** wieder und wollte das **Kind** haben. Die **Müllerstochter** aber wollte ihr **Kind** behalten. Das **Männlein** gab ihr drei Tage Zeit, seinen Namen herauszufinden, andernfalls wolle es das **Kind** mitnehmen.
Am nächsten Tag kam das **Männlein** wieder und die **Müllerstochter** fragte: **„Heißt du** Bruno oder **heißt du** Karl?" Das **Männlein** verneinte und verschwand wieder. Am zweiten Tag kam das **Männlein** wieder.
Die **Müllerstochter** fragte: **„Heißt du** Hammelwade oder heißt du Rippenbiest?" Wieder verneinte das **Männlein** und verschwand. Am dritten Tag kam das **Männlein** wieder.
Die **Müllerstochter** fragte: **„Heißt du** vielleicht Rumpelstilzchen?"
Da ließ ihr das **Männlein** das **Kind,** denn der Name war richtig.

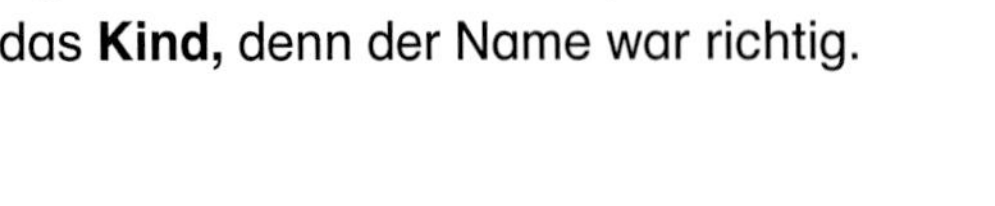

BVK • Cornelia Emde: Kita aktiv „Projektmappe Märchen"

Ein Korb für meine Großmutter (ab 2 Jahren, Rotkäppchen)

Material:
den selbst gebastelten Korb (s. S. 28/29), den gebackenen Kuchen und den selbst gebrauten „Wein“ (s. S. 36), evtl. fertige Körbe

Arbeitsanleitung:
Zuerst versammeln sich die Kinder zu einem Gesprächskreis im Märchenreich. Als Einstieg eignet sich das Märchen „Rotkäppchen“. Erarbeiten Sie mit den Kindern, warum Rotkäppchen wohl ihrer Großmutter Kuchen und Wein bringt.
Dann kann man die Kinder nach ihren eigenen Großeltern fragen, zum Beispiel ob sie auch viel Zeit für die Kinder haben, ob die Kinder sie sehr gern haben usw. Heutzutage verbringen viele Großeltern mit ihren Enkeln eine schöne Zeit, umsorgen sie und kümmern sich um sie, wenn die Eltern mal keine Zeit haben. Als Dankeschön können die Kinder nun ihren eigenen Großeltern eine Freude bereiten und ihnen einen Korb mit Kuchen und „Wein“ schenken.
Die Kinder können im Kreis berichten, was sie mit ihren Großeltern schon alles erlebt haben oder was an ihren Großeltern besonders ist. Dabei kann man den Kindern bewusst machen, was sie an ihren Großeltern haben. Kinder, die keine Großeltern mehr haben oder deren Großeltern zu weit weg wohnen, als dass sie mit ihnen etwas unternehmen könnten, können entweder einer anderen Person, die ihnen nahesteht, den Korb schenken oder aber sie schicken ihren Korb den Großeltern per Post zu. Um kein Kind ausschließen zu müssen, sollten sie jedem Kind eine Person aufzeigen, die ihm wichtig ist. Sollte es gar keine weitere Bezugsperson haben, darf das Kind den Korb natürlich auch den eigenen Eltern schenken. Hauptsache ist, dass jedes Kind einmal in den Genuss kommt, selbst der Schenker zu sein.
Die jüngsten Kinder, die noch keinen Korb basteln konnten, können alternativ einen fertigen Korb nehmen oder man hilft ihnen dabei, einen eigenen Korb herzustellen.

Hänsel, bist du da drin? (ab 3 Jahren)

Material:
1 Tisch, 1 Tischdecke

Vorbereitung:
Legen Sie die Decke so über den Tisch, dass ein Kind nicht mehr darunter hervorspähen kann. Rufen Sie dann die Kinder in einen Stuhlkreis um den Tisch herum zusammen. Erklären Sie den Kindern den Spielablauf, damit sie Gretels Namen nicht doch laut sagen.

Spielregeln:
Alle Kinder sitzen in einem Kreis um den Tisch mit der Tischdecke herum. Ein Kind wird ausgewählt. Es spielt den Hänsel und kriecht unter den Tisch.
Nun wird stumm ein Kind als Gretel ausgewählt. Dieses geht zum Tisch, kniet davor und fragt: „Hänsel, Hänsel, bist du da drin? Ich bin es, die Gretel.“
Hänsel, also das Kind unter dem Tisch, muss nun erraten, um wen es sich bei Gretel handelt. Sobald Hänsel weiß, wer ihn angesprochen hat, sagt er laut: „Nein, du bist die/der … (Name des Kindes, das Gretel spielt). Hol mich hier raus!“
Hat Hänsel richtig geraten und ist der Name zutreffend, so schlägt Gretel die Tischdecke zurück, damit Hänsel herauskommen kann.
Das Kind, das gerade Gretel war, darf nun Hänsel spielen. Sobald es unter den Tisch gekrochen ist, wird stumm eine neue Gretel gewählt.

Vertrau mir (ab 4 Jahren, Hänsel und Gretel)

Material:
Seile, Pylonen, evtl. Augenbinde

Vorbereitung:
Die Seile werden auf den Boden gelegt. Die Kinder führen ihren Partner daran entlang. Die Pylonen in einem Abstand von 1,5 m hintereinander aufstellen. Hier werden die „blinden“ Kinder im Slalom hindurchgeführt. Zur Vorbereitung können Sie den Kindern das Bild zum Nachspuren (s. S. 54) geben.

Arbeitsanleitung:
Vermitteln Sie den Kindern in einem kurzen Gespräch den Begriff „Vertrauen“ anhand des Märchens „Hänsel und Gretel“. Gretel vertraut Hänsel, dass er den Weg nach Hause zurückfindet. Genauso vertraut Hänsel Gretel, dass sie ihn aus den Händen der Hexe befreit. Beide Kinder erfüllen das Vertrauen.
Es ist wichtig, den Kindern zu verdeutlichen, dass sie das Vertrauen, das in das „führende“ Kind gesetzt wird, nicht enttäuschen sollten. Ist den Kindern der Begriff des Vertrauens deutlich, so kann man in die praktische Übung gehen. Lassen Sie die Kinder ihre Partner selbst wählen, denn nicht jedes Kind möchte jedem Kind vertrauen. Zuerst gehen die Kinder den Parcours mit geöffneten Augen ab. Es ist ratsam, die Führung durch den Parcours einmal genau vorzuführen, damit jedem Kind klar ist, worauf es dabei ankommt. Zeigen Sie, dass das „führende“ Kind dem „blinden“ Kind sämtliche Stolpersteine benennen und es darum herumführen soll, sodass das „blinde“ Kind nirgendwo anstößt oder hinfällt. Nur so kann das „blinde“ Kind dem führenden Kind vertrauen.
Dann versuchen es die Kinder selbst. Ein Kind schließt die Augen oder bekommt die Augenbinde um. Danach wird gewechselt.

Prinzessin, Prinzessin, dein Gold ist weg (ab 4 Jahren)

Material:
Schokotaler / 1 Geldmünze

Spielregeln:
Das Spiel ist dem Spiel „Bello, Bello, dein Knochen ist weg“ nachempfunden. Alle Kinder sitzen im Stuhlkreis oder auf dem Boden in einem Kreis. Ein Kind (Prinzessin oder Königssohn) liegt mit dem Gesicht in den verschränkten Armen auf dem Boden, sodass es nichts sieht. Neben ihm liegt eine Geldmünze oder ein Schokotaler.
Die Gruppenleiterin wählt mit einem Fingerzeig ein Kind aus. Es darf kein Name genannt werden, sonst weiß das am Boden liegende Kind schon, wer den Taler genommen hat. Das gezeigte Kind (der Dieb) nimmt den Taler, setzt sich auf seinen Platz und hält die Hände hinter seinem Rücken versteckt.
Alle anderen Kinder halten ihre Hände ebenfalls hinter den Rücken.
Liegt ein Mädchen auf dem Boden, rufen alle Kinder: „Prinzessin, Prinzessin, dein Gold ist weg!“
Liegt ein Junge auf dem Boden, rufen die Kinder: „Königssohn, Königssohn, dein Gold ist weg!“
Das am Boden liegende Kind steht nun auf und versucht zu erraten, wer die Münze genommen hat.
Es darf dreimal raten. Hat es immer noch nicht das richtige Kind erraten, klopft das Kind mit der Münze einmal auf den Boden oder den Stuhl und macht die Prinzessin / den Königssohn so auf sich aufmerksam. Den Taler bekommt dann die Prinzessin oder der Königssohn.
Als Nächstes darf das Kind, das den Dieb gespielt hat, in die Mitte und das Spiel geht von vorn los. So wird das Spiel durchgespielt, bis jedes Kind einmal dran war.
Spielt man mit einer Geldmünze, so wird diese immer wieder neu auf den Boden gelegt. Spielt man mit einem Schokotaler, darf jedes Kind seinen Taler behalten.